Schneckenschneiden

Die Deutsche Bibliothek – CIP-Einheitsaufnahme

Schäfer, Wendel:
Schneckenschneiden : Kurzprosa / Wendel Schäfer. – Koblenz : Fölbach, 2000
ISBN 3-934795-08-0

Titelgestaltung:	Michael Schäfer
Grafiken:	Cornelia Kurtz
Nachwort:	Dr. Klaus Wiegerling

Copyright by Verlag Dietmar Fölbach, Koblenz 2000
Printed in EC
ISBN 3-934795-08-0

Wendel Schäfer

Schnecken schneiden

Kurzprosa

Fölbach

1. Schneckenschneiden

... und liegt auch schon zwei, fertig, die Schmiere noch am Stahl

Strauß mit Distel

Der ältere Herr pflegte all seinen Geschenken etwas besonderes – das Eigentliche mitzugeben. Geschenke machte der ältere Herr reichlich. Und wusste sich seinen Beschenkten aufzuprägen. Einer Kiste Wein legte er etwas Unausgegorenes bei, der Besteckkasten enthielt ein für die Nahrungseingabe unbrauchbares Instrument, dem Roman fehlte die wichtige Seite, vom Abreißkalender ein Tag.
Am liebsten vergab der ältere Herr Blumen. Und am allerliebsten tat er sie Gertrud an, einem verehrungswürdigen Relikt. Opfer auch. Ob Tulpen, Gerbera, Rosen oder Chrysanthemen, immer war dem verschwenderisch arrangierten Bukett eine Distel zugeordnet. Gemeine Kratzdistel. Wucherte unbejätet fast das ganze Jahr über in seinem sonst so penibel umsorgten Garten. Mit rotbläulichen Köpfen erst, dann Silberflausch wie Haarbüschel, zuletzt gezackte Sönnchen. – Cirsium vulgare – das Eigentliche im Bund sich prahlerisch aufdrängender Pracht.
Den allergrößten Spaß hatte der ältere Herr, wenn er sicher sein konnte, dass seine extravaganten Einfälle noch sonderbarere Reaktionen seiner so einmalig und substantiell Beschenkten hervorriefen. Das kam jedoch sehr selten vor. Wie halt die Menschen am Eigentlichen vorbeizusehen pflegen. Fast alle.
Gertrud war eine Floraphile. Sie kannte sich aus, registrierte scharf und handelte mit Verve. Immer, wenn ihr ein Strauß ins Haus blühte – die stachelige Handschrift verriet den alten Verehrer –, extrahierte sie die Distel mit spitzigen Fingern, versah die blauroten Köpfe mit einem noch spitzeren Kuss, bevor sie die Unpässliche zur Konservierung kopfwärts an die Leine hing.
Unbetreut überließ Gertrud die Gehängten niemals ihrem Schicksal. Distelfink – so nannte man die Alte wegen ihrer stechenden Leidenschaft, Schnabelnase und Vorliebe für gelbrote Kopftücher –, behandelte ihre Stichlinge bis zum mumifizierten Ende.
Distelfink erfand hierfür ein Tröpfcheninfusionssytem. Über jeder Baumelnden postierte sie ein Reagenzglas mit nährigem Saft, dass

behutsam Tröpfchen um Tröpfchen ausreichend die Schmachtenden am Leben hielten. Nach Wochen erloschen die Lilaköpfe zu gräulichen Kapseln, bevor sie dann Wattebäusche hergaben, um nach weiteren Wochen als Silbersonnen aufzustrahlen. Die Segelsamen tupfte sie mit ihrer Schnabelnase ab, dass Distelfink beim Toilettemachen immer ein paar Schirmchen wegzupicken hatte.
Dann setzten die Blumen auf einmal aus. Gertrud sorgte sich und handelte rasch. Sie nahm die Mumien von der Leine und ordnete einen üppigen Strauß. Aus feiner Düse sprühte sie gläsernen Dunst und kreierte ein starrfragiles Kunstgebilde, zart wie Eisblumen am Winterfenster. Und genau in die Mitte des Silberberges platzierte sie eine frischgeschnittene, dumpfduftende Lilie.
Nur mit äußerster Mühe vermochte der ältere Herr dem Blumenboten zu öffnen. Ein schlimmes Zittern hatte ihn angefallen und in den Sessel gedrückt. Als er das bizarre Gebilde fassen wollte, versagten die Hände. Das Wunderwerk entglitt ihm, fiel und zerplatzte zu funkelndem Staub. Nur die hochfleischige Lilie blieb in zuckenden Fingern.
Danach hat den älteren Herrn keiner mehr gesehen. Nur viel später bei einer Reparatur hat man ihn gefunden. An einem Balken in der Sommerhitze des Speichers. Wie zum Trocknen gehängt. In der verkrampften Hand zerquetscht eine beinfarbene Lilie – das Eigentliche.

Durch den Regenbogen

„Ihr tragt etwas", fragt der Zufälligvorbeikommende den hinteren Träger, weil der ihm sein Gesicht zuwendet.
„Ja, wir tragen etwas."
„Ist es schwer?"
Weil der Träger nicht antwortet, tritt der Zufälligvorbeikommende näher und wendet seine Richtung, um mit der Gruppe zu gehen. Kommt aber nicht zu nahe heran. Vorsichtshalber. Die beiden tragen eine Leiter wie eine Bahre. Klobige Hände umklammern die Rundbalken. In der Mitte auf den Sprossen, auch zwischen den Leiterrippen, wie reingeflochten etwas Weißschlaffes, Gallertartiges mit etwas Durchhängendem bis auf die Erde. Es sieht nach Flügeln, Armen, Flossen aus. Vielleicht auch nur Gedärm aus einem geschlitzten Bauch. Schleift über den Boden mit. Das Ding keucht und stöhnt auf bei jedem Schritt der Träger. Obwohl sie sich Mühe geben.
„Muss verwundet sein", fährt der Zufälligvorbeikommende fort.
„Kann auf keinen Fall alleine gehen."
„Fliegen auch nicht."
„Wieso fliegen?"
„Sieht halt so aus, als wären da Flügel."
„Vielleicht sind sie gebrochen", gibt der Träger zurück und zuckt mit den Schultern, dass die Bahre ein wenig verkantet und das Stöhnen anschwillt.
„Gebrochen, ja, aber es ist kein Vogel."
„Vielleicht ein Engel, ein verwundeter Engel. Engel sind leicht. Lassen sich angenehm tragen."
„Oder ein geflügelter Teufel", feixt der Zufälligvobeikommende zurück.
„Teufel sind dunkel. Ich glaube aber, wir tragen etwas Helles."
„Ich glaube. Wieso, ich glaube?"
„Ich glaube es, weil ich nicht sehen kann. Bin von Geburt an blind."
„Entschuldigen Sie. Sie gehen also nur mit. Trotten hinterher. Dann will ich lieber mal den Vordermann..."

„Ihn brauchen Sie nicht fragen", stoppt der Blinde. „Er ist taubstumm. Geht nur nach vorne. Schaut nie zurück und achtet sehr auf den Weg, damit ich nicht strauchle. Wir wollen nicht abkommen und unnötig wehtun."
Der vordere Träger ist ein sehr kräftiger Mann. Er hat einen steifen Hut wie eine Schüssel auf den Kopf gedrückt. Unter dem Rand stechen scharfe Augen in eine gleichförmige, wolkenverhangene Ebene.
„Also, was tragen Sie nun da auf der Bahre?" will der Zufälligvorbeikommende wissen und wendet sich wieder dem hinteren Träger zu.
„Die Sonne wird gleich durchkommen."
„Sonne? Jetzt gleich?"
„Sonne. Endlich, nach vielen Wochen. Wird uns drei guttun."
„Ich frage nach dem Ding auf der Leiter, und Sie faseln was von Sonne."
Der Zufälligvorbeikommende erinnert sich an seine Blindheit und tritt näher an die Bahre heran. Nicht zu nahe. Vorsichtshalber. Da kauert es, halb sitzend, halb liegend in die Sprossen genestelt. Mit weißer Haut und rosa im Innern. Schimmert durch wie in Aspik gebettet. Alles wappt und wabbelt im Pendelschritt der Träger. Und dann das gleichtönige Schleifen über steinige Erde. Mit einer glitschigen Spur so weit er zurückschauen kann.
„Wohin geht es denn mit der Fracht? Ihr werdet doch wenigstens wissen..."
„Vor uns wird bald ein Regenbogen sein."
„Regenbogen. Erst Sonne, jetzt Regenbogen."
„Ja, ohne Sonne kein Regenbogen, da kenne ich mich aus."
„Regenbogen! Hier in dieser trostlosen Gegend. Wir sind auf dem Mond, verstehen Sie. Es ist hier wie auf dem Mond", gibt der Zufälligvorbeikommende nun schon ärgerlich zurück.
Er hätte nicht herkommen sollen. Nichts wie weite, flache, öde Erde. Sandige Wüste mit abertausend Steinen übersät. Wie sicher der vordere Träger alle Hindernisse umgeht. Klar, der Hintermann darf nicht ins Stolpern kommen. Und die Last noch mehr quälen. – Nein, er hätte nicht herkommen sollen.
„Warum tragen Sie denn..."
„Es wird bald Wasser geben", unterbricht ihn der Blinde.

„Wasser? Hier?"
„Ja, viel Wasser. Sie müssten es eigentlich vor uns sehen."
„Wie kommen Sie denn auf die Idee...?"
„Wasser riecht man. Und wenn mir dann die Sonne in den Nacken brennt, gibt es einen Regenbogen."
„Sonne – Wasser – Regenbogen. Ich will Ihnen nicht zu nahe treten, aber..."
„Sie stören nicht, ich trage ja nur."
Der Zufälligvorbeikommende bleibt jetzt stehen und schaut der Gruppe hinterher. Sieht, wie sie sich sicher und zielstrebig auf ein großes Wasser zubewegt, in kleine Wellen stapft, dann bis zu den Knien, Hüften, Hals ins Wasser steigt und dann wegtaucht. Von der Bahre erhebt es sich mit wuchtigen Flügelschlägen, klatscht das Wasser, dass Perlenschnüre in der Sonne aufglitzern, hebt ab, schwebt höher und verschwindet durch einen Regenbogen in den Himmel. Aber es ist kein Vogel – Nein, er hätte nicht herkommen sollen.

Esterwegen

Aufgetrieben, zurechtgestellt wie Vieh zur Bank warten sie vor der schwarzen Wand, so eng geängstigt, dass davor die Mergelkörper zu einem Wall sich passen, ihre angetorften Streifenkittel, die trauerschattenen Fugen und Spaten bei Fuß, während weiter vorn die dunklen Männer eine lockere Kette bilden, breitbeinig mit stemmhüftigem Anschlag und gehärteten Hosen wie Staketenzäune, die Henkermützen, Flachkapuzen, und weht ein Schauerlied, mal klag, mal forsch von Moorsoldaten, oder weil der Wind sich dreht, der deutsche Sumpf, ein weites Feld, Mörder gibt es immer wieder'.

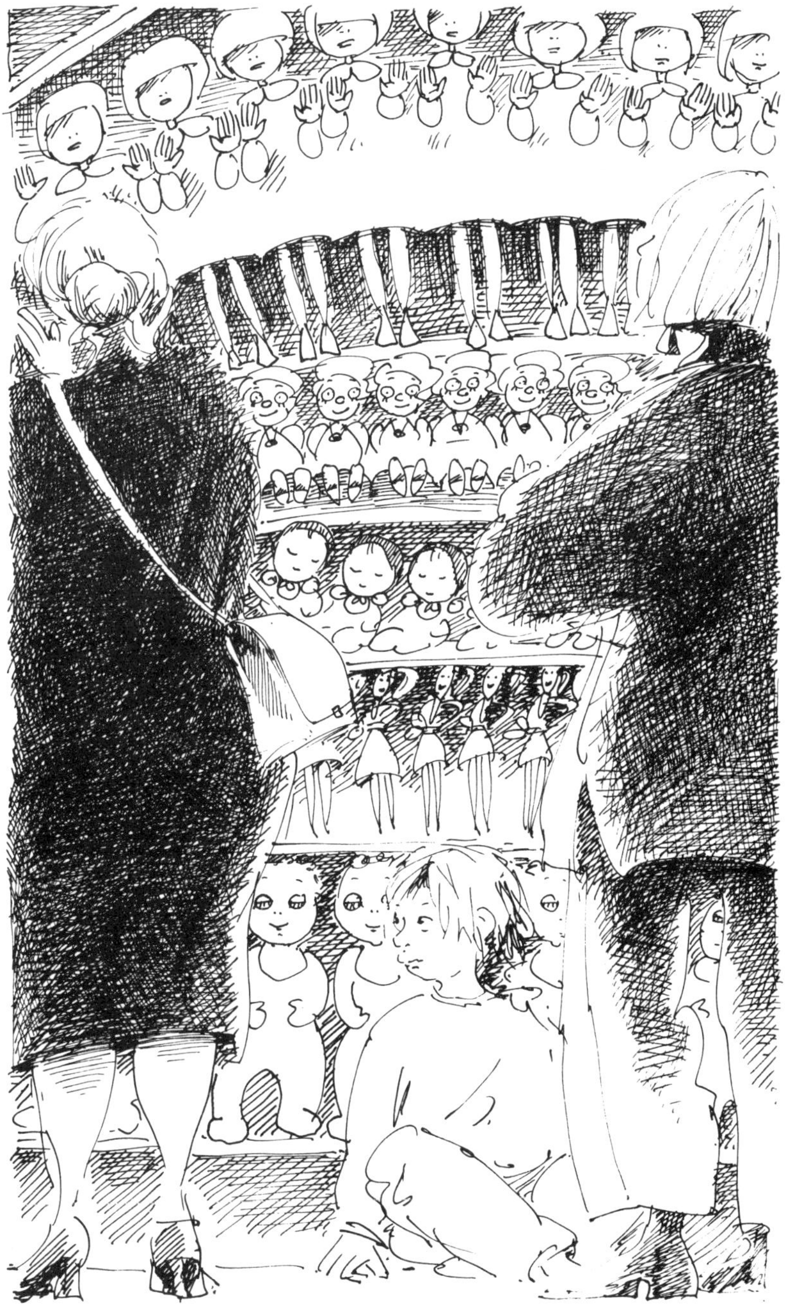

Puppenhaus

In der Galerie ganz oben eine Reihe Melanie, darunter eine Lage Sandra, dann Baby, gefolgt von einer Schicht Uschi, wieder Baby, etwas angealtert – aber plötzlich ein Rosa in der Babyreihe, mitten unter all den blassen und starren und steifen, sterilen und blutleeren Köpfen – und ich sage mir ‚vinceremus'!

Rendez-vous mit Pflanzen

„Setzen wir uns hierhin."
„Nein, dann doch lieber dorthin, mehr in die Ecke. Hab nämlich gerne den Rücken frei."
„Den Rücken frei, bitte sehr." Dabei durchbohrte der Mann seine Erwählte, als hätte er beim Platzanzeigen etwas übersehen. Wäre ihm entgangen sogar.
„Ja, hierhin in die Pflanzenecke, hübsch die Grünpflanzen, nicht."
„Grünpflanzen. Die sind bestimmt nicht echt. Alles künstlich aus Gummi oder so einem Zeug. Praktisch irgendwie, brauchen kein Wasser, halten sich ewig und..."
„Nehmen Sie immer alles so genau, Herr...?"
„Tischenreuber, Wilfried Tischenreuber."
Jetzt erst beschaute der Mann sein Gegenüber einnehmender. Eine Annoncenbekanntschaft aus der vorletzten Wochenendausgabe. Schrecklich mager in ihrem grünen Kleidchen und geräumigen Ausschnitt hinten, als sie sich den Topfpflanzen annahm. Die Schulterblätter blähten den Stoff, dass man vorne mit hinten zu verwechseln geneigt sein konnte, wäre da nicht ein spärliches Kerbtiergesicht hinter Zottelhaar mit Schleifchen auszumachen gewesen.
„Haben Sie etwas gegen Gummi?"
„Ich, wieso, nein."
Gummi kann sehr lebendig sein, meinen Sie nicht auch."
„Doch, doch, bekräftigte Herr Tischenreuber und brachte mit seinem verlegenen Backenrot etwas Komplementäres in die verfärbte Situation.
„Und außerdem kann ich Ihnen versichern, die Pflanzen s i n d echt. Schauen Sie mal, wie lebendig die um sich greifen." Und mit verspeisendem Augenaufschlag: „Keine Bange, sind ja keine fleischfressenden Pflanzen." Und rankte sich wieder um zu ihren Lieblingen, dass sie sich ungeduldig herzurecken schienen. Dabei zuckten ihre Rückenblätter wie die Flügel eines nervösen Falters. „Betrachten Sie doch nur diese Riesentute, eine Hedera, Efeugewächs. Ein außergewöhnliches Exemplar mit kannenförmigem Bauch. Kann

man ranwachsen sehen, wenn man es gut mit ihr meint."
„Ich hatte mal 'nen Gummibaum..."
„Gummibaum, steht nicht auf der Speisekarte, aber sonst können Sie die Pflanzen rauf und runter essen." Der Kellner stand plötzlich da, wie ein Eingeborener aus dem Urwald auftaucht. War auf Kautschuksohlen hergeschlichen. „Möchte Ihnen aber unbedingt die rote Karte zeigen. Erlesene Fleischspezialitäten, von der..."
Ich bin völlig fleischlos", stoppte ihn der Gast.
Herr Tischenreuber vertiefte sich also in das grünlederne Speisebuch. Pflanzen, nichts als Pflanzen. Weiter hinten Salate und ganz am Ende ein paar Suppen.
„Sie zuerst", mahnte er sein Pflanzengegenüber, weil sie keine Anstalten machte auszuwählen. „Was nehmen Sie?"
„Ich weiß schon, brauche wenig. Bin genügsam wie eine Andenspinne." Und stieß zielsicher mit ihrer reichlich beringten Tentakel am Herbarium vorbei, als wollte sie etwas aufspießen und Herr Tischenreuber sich zurücknehmen musste.
„Und was wünschen der Herr?"
„Der Herr wünscht sich als Präliminarie eine Suppe. Aber ohne diese ungustiösen Fleischklößchen. Mit Broccoli, wenn ich bitten darf. Bin nämlich Vegetarier, aber das stieß ich ja vorhin schon an, wenn Sie begreifen möchten."
Bei ‚Vegetarier' schlaffte der Kellner ab, wie eine Fuchsie in sengender Sommersonne. Die Zeitungsbekanntschaft zog sich zurück in ihren Ausschnitt, und die Efeutute rollte die lüsternen Blätter ein. Nach einer Weile öffnete sich die Dame wieder, wie die Schildkröte nach Gefahr ihren Kopf aus dem Panzer faltet und schob ihre zweigigen Arme über den Tisch vor. Der Bediener war in seine Ecke gehuscht. Und die Tute glättete sich wieder. Mit ihren Ringelfüßen hatte sie die Stuhllehne erklettert.
„Und was darf ich zum Trinken bringen?"
„Stierblut, trocken."
„Und ich Möhrensaft, Demeter, lieblich", spitzlippte Herr Tischenreuber. „Und vor der Suppe mit B r o c c o l i eine angedünstete Zucchiniblüte."
Wieder welkte der Bediener weg, der Tischdame lösten sich die

Schleifen, und die Monstertute nahm ihre fleischigen Pfoten von der Tischkante. Erst als Saft und Suppe kredenzt standen, entkrampfte sich die Beunruhigung. Im Fensterspiegel konnte Herr Tischenreuber ausmachen, wie sich die Grünhungrige auf den Knochenflügeln der Blumenlady festankerte. Diese kauerte reglos, die Unterarme auf Ellenbogen gestützt wie eine Fangschrecke. Herr Tischenreuber fixierte seinen Teller, in dem die hochmoorige Suppe unter aufblühendem Broccoli zu vermuten war.

„Fangen Sie schon mal an. Auf mich brauchen Sie nicht warten. Bekomme was ganz besonderes", kam es mit gefilterter Stimme unter Blattzeug hervor. Herr Tischenreuber befreite seinen Löffel aus den Fängen der hungrigen Kannentute, wischte widerwillig mit den Fingerrücken Triebe vom Tellerrand und entfaltete die Serviette. Ein klettklebriges Riesenblatt. Als er es auf seine Schenkel breiten wollte, griff er in Ekelfleischiges. Überall waren wurmige Triebe die Unterbeine hochgeklettert und hatten schon über seine Knie ausgegriffen.

Wilfried Tischenreuber sprang auf und riss sich weg vom Tisch, dass die Pflanzenecke aufstöhnte. Seine Blattbekanntschaft, ein herbstlich gekehrter Haufen, aus dem in Kopfhöhe Fühler ragten. Lanzettfinger umkrallten seine Stuhllehne. Beim Hinaushasten streifte er eine klebrige Pflanze, wo der Kellner am Buffet zu hantieren hatte. Draußen atmete Herr Tischenreuber tief, fasste sich an die Kehle und schleuderte eine Schlinge in den Rinnstein.

Endlich flüchtete er in ein Restaurant auf der anderen Straßenseite. Jetzt um die Mittagszeit waren die meisten Tische besetzt, dass ein Kellner mit Chlorophyllgesicht den Platz weisen musste:

„Dort ist noch was frei, bei der Dame, wenn's angehen könnte, in der Pflanzenecke. Hübsch, die Grünpflanzen, nicht."

Schneckenschneiden

Wer will das schon, – wie? – wie man in Stoff, nein, in Teig schneidet, ist doch bloß gegen die Nackten, Roten und Braunen, Haushaltsschere tut's schon, muss nur scharf und eng..., nicht die Schnecke, die Schere, Mensch, dann quatscht nicht viel, nur kräftig gegen die blanken Backen gedrückt, dann kommt's an den Rändern zuerst, unter den lustigen Rillen, zittern leis-erschrocken im Spiegel der metallenen Schenkel, mehr Gequille in der Mitte, natürlich mittendurch und liegt auch schon zwei, fertig, die Schmiere noch am Stahl, den in den weichen Bauch des Gartens gerammt, einmal, zweimal, Dreck reinigt, – ja schon, ein bisschen hin und her, rundverbogen, nutzlos ohne Richtung, länger auch, mein Gott, musst nicht stundenlang dabeihocken bei der Rotze, glaubst du mir gefällt das, macht mir auch noch Spaß, vielleicht.

Liegendes

Komme ich nach Norden, sehe ich nichts als Liegendes, keine Höhe auszumachen, Häuser, Bäume hingegossen, Kühe im Regen, Vogelschwärme auch, waagerecht gebogen, träume ich von Ragendem, beherzt sich Werfendem, bis mich ein friesischer Prokrustes einpasst, nicht ohne Pein und begreife endlich, zwangsläufig eher: Meine Anreise war die einzige Vertikale.

Die schwarze Puppe

Helga war eine leidenschaftliche Puppensammlerin. Von überall her brachte sie Puppen mit, ließ sich Puppen schicken und schenken. Nähte ihnen Kleidchen, flocht Zöpfe, bürstete Wimpern, bügelte Hosen und Röcke und nestelte ihre Schuhchen. Alle Puppen wurde demonstrativ zurechtgesetzt, gelegt, gehängt auch. Am Ende war die ganze Wohnung voll von diesen Wesen. Und als immer noch mehr Einzug hielten, zog der Ehemann aus. Für immer. Die Tochter hatte schon mit 17 genug. Zwei Jahre früher der Sohn.
Zuallererst minimierte Puppenhelga den eigenen Bereich auf Bad, Küche, Wohn- und Schlafzimmer. Zwei überflüssig gewordene Räume wurden nun große Puppenstuben und blieben seitdem unberührt. Da ging sie nur noch selten hin. Grüßte hinein, streichelte über Köpfe und hatte mit allen immer ein gutes Wort. Die Jalousien hielt sie sorgsam verschlossen. Wollte ihren Schützlingen ein allzu frühes Erbleichen ersparen. Mottenkugeln vergaß sie nie.
Als ihr Völkchen weiter wuchs, opferte die Puppenmutter das Schlafzimmer. Sie saß ohnehin lieber auf der Couch mitten unter den kleinen Geistern. Zur Nacht zog sie ihre kurzen Beine hoch und konnte so bequem schlafen. Immer neben einem strohblonden Puppenjungen, ihrem Favoriten.
Helgapuppe ging immer seltener unter Menschen. Was sie brauchte, brachte man ihr für ein geringes Aufgeld. Und wenn einmal ein Weg unvermeidbar wurde, huschte sie durch die Straßen, dass die Leute tuschelten: „Da geht ja unser Püppchen." Tatsächlich hatte sie ihre schwarzen und noch schwärzer gefärbten Haare zu Zöpfen mit Schleifchen gebunden, Rouge auf den Wangen, Wimpern geklebt und trug unter einem kurzen, gefalteten Röckchen weiße, blümchengemusterte Kniestrümpfe.
Danach trat sie ihrer Gesellschaft die Küche ab. Das bisschen, was sie für sich nahm, lieferten Kühlfach und Kochplatte fast in Reichweite des Sofas. Und am Abend und bei Nacht kauerte sie auf der Couch neben ihrem blonden Buben.

Dann gab sie ihr Bad hin. Weil die Schar der Kleinen weiter anwuchs. Der Mutterpuppe genügte e i n Zimmer. Und am Ende gar e i n Platz neben dem Jungen. Hübsch, wenn die zwei blond und schwarz nebeneinander saßen. Stumm meist. Es kam aber auch vor, dass sie sich stundenlang, nächtelang zu erzählen hatten. Und um dem Burschen zu gefallen, baute sie auf dem Sofatischchen eine Batterie auf von Nagellack, Wimperntusche, Lippenstifte und Puderdosen. Mit der Zeit hatte sie heraus, ihr Gesichtchen so herzurichten, dass es dem Freund angenehm war.

Die Menschenpuppe magerte weg. Puder ersetzte die tägliche Toilette und Rotstifte zauberten gesunde Bäckchen. Und so saßen die beiden blond neben schwarz auf dem Sofa. Tag für Tag, Woche für Woche, Monat für Monat. Und als einmal der Geliebte den Arm um sein Puppenmädchen legte, harrte es selig und rührte sich nicht, um das Verhältnis nicht zu stören.

Niemand wusste genau, wie lange die beiden so gesessen hatten. – Als man endlich die Wohnung aufbrach, war sie unbewohnt und menschenleer. Die Beamten mussten über Galerien von Puppen steigen, um sich in der verlassenen Wohnung zu orientieren. – Eine Polizistin nur fand es hübsch, wie auf dem Sofa ein blonder Junge ein pechschwarzes Püppchen lieb in den Armen hielt.

Der Erfinder

Herr Kübel war ein pfiffiger Kopf. Ein Erfinder eben. Man konnte es sogar auf einem Blechschildchen an der Barackentür lesen: WALTER KÜBEL – ERFINDER. Allerdings musste man schon genauer hinsehen. Denn der Name war ebenso heruntergekommen wie seine Hütte am Rand der Stadt. Hier lebte er allein mit seinen Katzen. Erfinder müssen alleine wohnen. Sozialhilfe und Gelegenheitsarbeiten halfen ihm überleben. Richtig leben aber ließen ihn seine Ideen. Und davon hatte Walter Kübel eine ganze Menge. Denn immer, wenn etwas Neues auf den Markt kam, konnte er von sich behaupten: ‚Genau, das hatte ich auch schon im Kopf gehabt. Und das machte ihn mächtig stolz. Erfindungen liegen nämlich auf der Straße. Man muss nur der erste sein – beim Aufheben.

Walter Kübel war nie der erste gewesen. Mit der Schule hatte er schon nichts anfangen können. Und die Schule nichts mit ihm. Wenn man Erfinder werden will, ist das auch nicht so entscheidend. Erfinder brauchen keine Zeugnisse, sondern Ideen. Richtige Ideen, von richtigen Sachen, zur richtigen Zeit.

Seine neueste Erfindung nannte er RÜFIDUMA - Rückerfindungsmaschine. Mit ihr ließen sich alle unliebsamen Erfindungen zurückerfinden. Das heißt, aus der Welt schaffen. Weil ihm aber sofort klar war, daß die allermeisten Leute für diese Maschine keine Verwendung wüssten, überlegte er, was er zunächst gegen die Unwissenheit der Menschen erfinden könnte.

Also konstruierte er eine Begabungsausgleichmaschine. Natürlich wusste er auch, dass mit den paar Gescheiten gegen das Riesenheer der Dummen wenig auszurichten war. Aber Wagnis ist die Visitenkarte der Erfinder. Und e r stand ja auch noch zur Verfügung.

Irgendwo hatte Kübel einen alten Umformer mit Drehschalter von einer elektrischen Eisenbahn. Er nahm die Plastikkappe ab, montierte zwei ausgediente Radioröhren, gab eine Batterie dazu und brachte irgendwie ein Birnchen zum Glimmen. Erfinder Kübel wusste nämlich: Wenn sich nichts dreht, kein Zeiger ausschlägt oder nicht wenigstens ein Lämpchen glüht, taugt es nicht. Dann riss er ein Stück Kabel von der Wand, dass die Gipsbrocken runterpolterten, knipste es in der Mitte durch und klemmte die Stücke zwischen zwei Spulen. Die beiden anderen Enden schabte er mit einem Küchenmesserchen blank und bog die Kupferdrähte zu Sonden kreisrund. Das Gerät war fertig. Was vielleicht noch an Technik hätte fehlen können, mussten Glaube und guter Wille ergänzen. Auf alle Fälle war die Erfindung einfach, billig und nützlich. Kurz: genial.

IGEGA - Intelligenzegalisator sollte sie heißen. Erst, wenn ein Ding einen Namen hat, ist es richtig fertig. Kübel liebte es, seinen Schöpfungen wohlklingende Namen zu geben. Er fand sie in einem Fremdwörterbuch. Neben einem zerschlissenen Kinderbuch das einzige ernst zu nehmende Gedruckte in der Erfinderbaracke. Erfinder brauchen keine Bücher, nur Ideen, hatte jedenfalls Kübel immer behauptet.

Um seine Erfindung zu testen, brauchte er jemanden, der dümmer war als er selbst. Aber der war nicht leicht zu finden. Kübel ließ sich Werbezettel vervielfältigen und verteilte sie an die Leute in den Straßen, Geschäften und Parks der Stadt. – Niemand meldete sich. Nun ging er in die großen Häuser und steckte seine Empfehlungen in die Briefkästen, die wie Honigwaben in den Eingängen klebten. Dann betrat er die Türme mit den vielen Ämtern und Büros und schob sie zwischen Türschlitze und in die Taschen der herumhängenden Mäntel und Jacken. Kübel kombinierte, dass in so riesigen Klötzen nur beschränkte Menschen es aushalten könnten. Er war nämlich ganz alleine mit seinen Katzen.

Doch vergeblich. Entweder war seine Maschine bereits erfunden, oder die Leute waren mit dem bisschen, das sie im Kopf hatten, zufrieden. Aber das konnte sich Walter Kübel beim besten Willen nicht vorstellen.

Nach Monaten klopfte es zaghaft an die Barackentür. Walter Kübel arbeitete längst an einer neuen Idee. Die Erfindung war so frisch, genial und geheim, dass er selber noch keine rechte Vorstellung von ihr hatte.

„Tag, Herr Grübel, entschuldigen Sie, Winzlaff", wisperte ein kleiner Mund, unter einer schmalen Nase, mit einer randlosen Brille darüber, an einem kantigen Kopf, an der Spitze einer brüchigen Figur, auf scharf gebügelten Hosenbeinen, mit einem Hut in nervösen, spinnigen Fingern.

„Kübel, E r f i n d e r Kübel", verbesserte der mürrisch.
„Entschuldigen Sie, Herr E r f i n d e r Kübel, es ist wegen der Maschine, wissen Sie, in meiner Manteltasche, die Anzeige, ... man kann ja nie wissen, wissen Sie, nicht, dass ich es nötig hätte, nur ein bisschen mehr, Sie wissen schon, von dem, was so im Kopf drin ist, ... aber niemand darf davon erfahren, Sie wissen ja, ..."
Walter Kübel wusste. Mit einem ‚Sie meinen den IGEGA', unterbrach er Winzlaff. Und mit einem ‚wer Ordnung hat, findet, e r findet aber nichts', zog er endlich den Intelligenzegalisator unter seiner durchhängenden Liege hervor. Zuerst pustete er dicke, walzenförmige Flocken in die Stube. Dann packte er zwei Stühle und stellte sie Sitz gegen Sitz, dass die beiden Platz nehmen konnten, Kniescheibe an Kniescheibe. Kübel platzierte die Maschine auf seinem Oberschenkel und gab letzte Anweisungen. –
So saßen die beiden, bis der Sekundenzeiger der Wanduhr zwölf Runden gedreht hatte, aufrecht, ernst und steif wie Steckenpuppen. Die linken Hände am Kästchen. Mit den anderen drückten sie die Kabelsonden an die Stirn. Winzlaff hockte regungslos. Kübel zuckte leicht mit den Mundwinkeln. Überlegen, aber auch ein wenig nervös.
Nach der Sitzung sprachen sie kein Wort. Mit gönnerhafter Miene, fast indigniert, wies der Erfinder Winzlaffs mageren Geldschein zurück. Dann verschwand der Besucher. Er sah ihn nie wieder.
Winzlaff ging stracks nach Hause und dachte nach. Noch nie im Leben hatte er so viel und so gründlich nachgedacht. Von jetzt an sprach er nur noch die Hälfte. Und das auch nur nach doppelt reiflicher Überlegung. Ohne Zweifel, Winzlaff war intelligenter geworden.
Er las Bücher, belegte Kurse, widersprach nie – und wurde befördert. Machte Überstunden, gab Skat und Stammtisch auf, verkehrte nur noch mit wichtigen Menschen, bekam Magenkrämpfe – und wurde befördert. Ging auf Dienstreisen, nahm sich eine andere Frau mit Jugend und Niveau, erholte sich von einem Schwächeanfall – und wurde befördert. Zog hinauf in die Chefetage, brach alle früheren Bekanntschaften ab, erholte sich vom ersten Infarkt – und wurde befördert. Flog in die Handelszentren der Welt, putschte sich von Termin zu Termin, bekam Beipässe und einen Herzschrittmacher ... kurz: Herr Winzlaff hatte es geschafft.

Nach der Intelligenzübertragung fühlte sich Walter Kübel schwach. Klar, er hatte abgegeben, hatte geistige Substanz gelassen, war weniger geworden. An Erfindungen war vorerst nicht zu denken. Überhaupt benahm sich Kübel nunmehr sehr vorsichtig. Er wagte sich nur an kleine, einfache Sachen heran. Goss Blumen, rupfte Unkraut vor seiner Baracke, gab den Katzen regelmäßig, strich die abgeblätterten Fensterläden, besserte die Dachpappe aus, packte hier an und machte sich dort nützlich.

Dass der komische Kübel seit einiger Zeit umgänglicher und seit einiger Zeit zu etwas brauchbar war, wie die Leute in der Umgebung redeten, bekam er nicht mit. Im städtischen Altersheim könnte er dem Hausmeister zur Hand gehen, lautete endlich ein Angebot der Stadt. Mansardenzimmer und Essen frei.

Kübel nahm an. Willenlos. Er war geschwächt.

Eine Woche später fiel die Baracke. Die Katzen streunten abgemagert zwischen Mauerresten und zerbrochenen Dachlatten. Der Zubringer war schon lange geplant gewesen. Nur hatte ihn der Kübel, die meisten sagten auch 'der verrückte Kübel', immer wieder zu verhindern gewusst.

Kübel machte Ordnung: Er leerte Eimer, fegte Plätze, ölte Scharniere, strich Hölzer. Er tat nichts als Brauchbares, Nützliches, Ordentliches. Man war mit ihm zufrieden.

Erfinden tat er nichts mehr. Wer Ordnung hat, findet, e r findet aber nichts, hatte früher einmal der Herr Erfinder Walter Kübel gesagt.

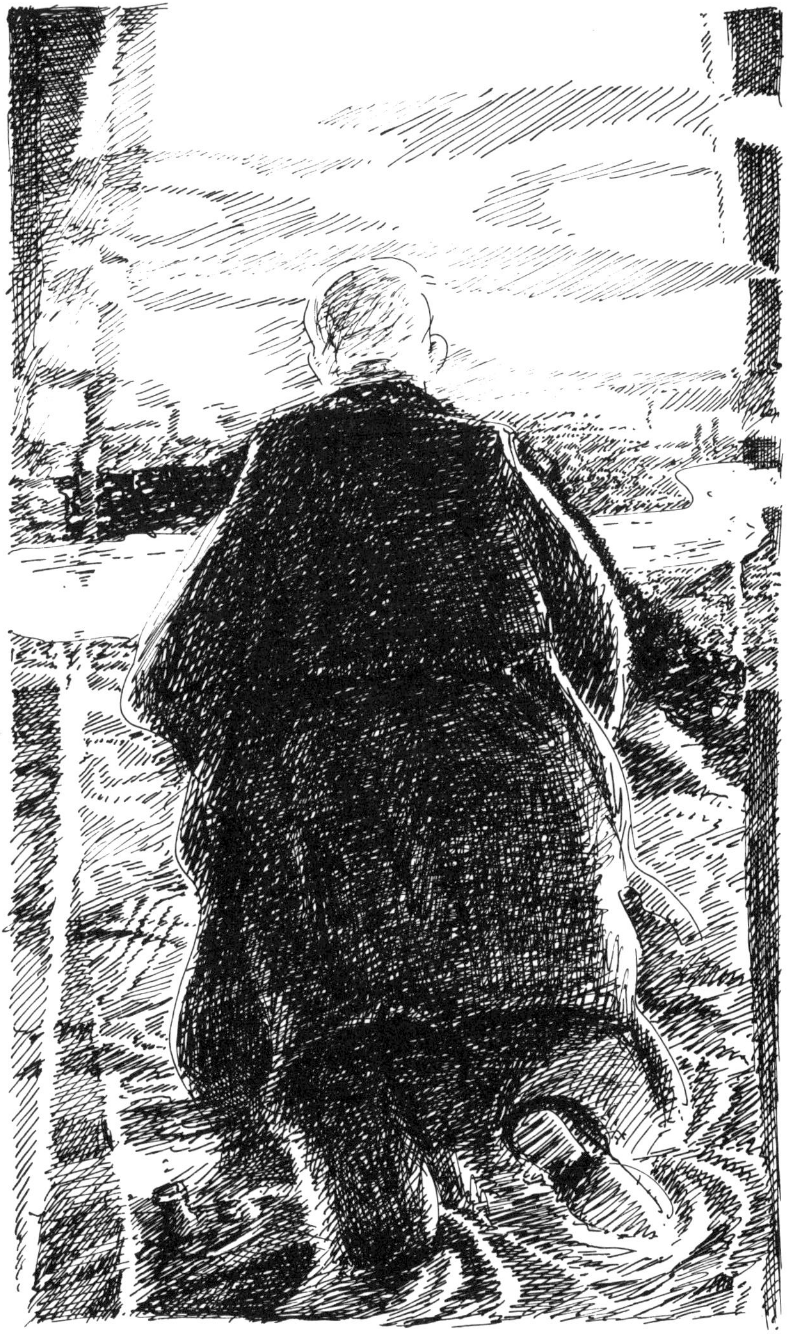

Wende – zurück

Das erste, was er mit verschüttetem Hirn wahrnehmen konnte, war die Schnapsflasche zwischen schlaftauben Armen. Leer, na klar. Dann registrierte er früheste Tageshelle hinter dem Geäst der winterkahlen Obstbäume. Ein angestrengter Blinzler nun rüber zur Uhr – kurz vor acht. Vor acht?! Sein aufgebrachtes Blut pochte rauf bis über den Hals. Silvester - Neujahr, jetzt! Was sonst. Die große Stunde verpasst, verpennt, versoffen. Scheiß Obstler, 45 %, reines Gift. Und dabei hatte er alles so idiotensicher zurechtüberlegt. Hatte auch zwei Raketen gekauft. Nur, ganz nüchtern wollte er den Jahrtausendrutsch nicht wagen. Man konnte nie wissen. Und er war alleine.
Retten, was es vielleicht noch nachzuholen gab. Er befahl sich aus dem Sessel, bezwang ein Tischbein, dann die Platte, richtete den wirren Kopf, versah sich mit Schuh, Schal und Mantel, grapschte die Raketen und lenkte den Rumpf auf unsicheren Beinen zur Haustür. Kälte kniff ihn ins schnapsrosige Gesicht. Rauch biss in die Augen. Pulverdampf nach einer Jahrhundertschlacht lag schwadig über den Gärten der Siedlung, überzog ihre Gehwege und durchflocht Sträucher und Hecken. Alles lag übersät von geborstenen Papierhülsen und ausgebrannten Pappröhren mit angesengten Hölzchen. Dazwischen Glas, Flaschen, Scherben meist, auch zu Staub Zertretenes, vermengt mit Holzsplittern und Draht.
Draußen war niemand, dem er das neue Jahrtausend hätte erklären oder etwas zuwünschen können. So lenkte er seine Beine hinunter zur Stadt am Strom. Die Schuhe bahnten sich einen Weg durch die Silvestertrümmer. Und es rauschte unter ihm wie in einem herbstlichen Buchenwald. – Auch zur Stadt hin kein Mensch, kein Licht hinter den blinden Fenstern. Bloß Straßenleuchten wie Irrlichter aus blassbläulichem Dunst. Drüben im Zaun eine Katze mit blutverschmierten Ohren. Von der Stadt herauf ein Trupp schwarzer Vögel. Tschak, tschak. Dohlen zum Frühstück in der nahen Kippe.
Auch die Stadt lag gestorben. Über den Dächern hingen Streifen aus Dampf und Rauch und Alkohol. Am Stadtrand schon war die Flut aus geborstenen Knallern, Heulern und Geschossen bedroh-

lich angestiegen. Behutsam schob er seine Schuhe durch den knöcheltiefen Unrat. Pappgedämpftes Knacken und Knirschen störte kaum die bleierne Stille. Manchmal trat er gegen etwas Festeres. Stieß es schuhlings beiseite wie sich der Schneepflug eine Gasse schiebt. Auf dem Marktplatz vor den Kneipen und Diskos stand ihm der Abfall kniehoch. Es machte nun Mühe, sich Schneisen zu schieben auf dem unwiderstehlichen Zug runter zum Strom. Pulver brannte seine Lungen und sein gepresster Atem stieß weiße Speere in die Kälte. Ekel stieg auf, wenn er gegen etwas Härteres geriet. Gummipuppenverbogenes. Und er drückte es von sich, wie ein Schwimmer die Schlingen tritt am verkrauteten Ufer. Köpfe plötzlich aus dem Dreck mit gequollenen Augen und Erbrochenem um die verzerrten Mäuler. Überall warf sich Verrenktes wie auf einem geborstenen Friedhof. Arme und Beine der verrottete Zaun.
Unten am Ufer war kein Wasser auszumachen. Bloß Gurgeln und Schmatzen verrieten den trügerischen Grund. Das Strombett eine zähschlammige filzige Masse. Wendemüll der ausgelassenen Städte. Bis zur Brust stand er schon im Brei. Spürte unten die kalte Brühe und ließ sich erschöpft, doch erleichtert nieder zur wattigen Fahrt, zum endgültigen Abtrieb. Immer tiefer sackte er ein, dass er am Ende nur noch die Raketen wie Pfeile an starren Armen in einen nun schon helleren Himmel hielt und endlich ungebraucht mit sich in die Tiefe fortnahm.

Ein UnFall

Regelmäßig und pünktlich wie das Werk einer Uhr stand er allmorgendlich an der Bushaltestelle, mit seinem hellen weit über die Knie reichenden Popelinemantel, aus dem Hosenbeine mit scharfen Bügelkanten hingen und die blanken, schwarzen Schuhe fast verdeckten, oben gab der geschlossene Umschlag nur wenig von dem frischweißen Hemd mit einem gesteiften Kragen und tadellos sitzender Krawatte frei, über dem Mantel auf einem langen, faltigen Hals ein schmaler Kopf mit engen Augen unter einer randlosen Brille mit goldenem Bügel, das ovale Gesicht war von einer gewaltigen Nase beherrscht, die sich endlich in einem grauen Oberlippenbärtchen verlor, der schmale Mund verband die glattrasierten Wangen, und ein Kurzschnitt gab riesige wohlgeformte Ohrmuscheln frei, spärliche Silberhaare glänzten noch feucht von der Morgentoilette, lagen glatt, links fein gescheitelt; so stand er immer kerzengerade mit nach vorne gebeugtem Kopf, seine skeletthaften Finger hielten die Aktentasche, und wenn der Bus, wie heute, allzu lange auf sich warten ließ, wippte er ungeduldig vom Absatz bis zur Spitze, ohne dabei seine gerade, fast würdevolle Haltung aufzugeben – ‚wohl 'nen Klicker in der Rille, Opa, wa?'– Mädchenstimme, Punkerkopf, Schmuddelshirt, Lochstrümpfe, Pommesschweißfischgeruch, und erst als der Bus wieder anfuhr, tat der Herr einen Schritt gegen die sich zufaltende Tür, fiel um, schlug hin, kam nicht mehr auf, Basisbruch, Zeugen wussten der Polizei anzugeben, er hätte plötzlich irgendwie sein Gleichgewicht verloren.

Rolle des Lebens

Und an der Ecke haben sie ihm die Fresse eingeschlagen, dem No-No-Norbert, seine dämliche Stotterfresse, denn im Stück für Weihnachten kam ein Stotterer vor, „klar, unser No-No-Norbert, B-B-Bestbesetzung", grölte die Klasse, dem Lehrer, gehöhlt wie ein umgestülpter Papierkorb, war's egal, und No-No-Norbert widerstotterte nicht, obwohl er weniger als sonst ins Schwimmbad konnte, wo er es genoss, wenn Wasser über ihm zusammenschlug und für ein paar Sekunden begrub, aber jetzt kam es auf ihn an, den No-No-Norbert, zum erstenmal kam es auf ihn an, und als es endlich so weit war, sprach Norbert seine Rolle wie ein Gebirgsbach Steine umfließt und sie geschmeidig schleift, ohne einen einzigen Stotterer, dass sie alle „Spiel-Verderber" hinter ihm herschrien und an der Ecke ihm die Fresse einschlugen, dem Norbert.

Daheim

Nach Ferien kam es zuweilen vor, dass er schulischen Zwängen beschwingter und unternehmungslustiger begegnete. So auch nach den Weihnachtsferien. Erste Aufsicht. Allein das Gefühl. Im Halbdunkel die ersten Schüler. Etwas verloren zunächst in der weiten Arena wie lauernde Krähen nach den Pausen. Beim Eingang ein Schulkind, niedrig/niedlich, hellgesichtig und großäugig wie eine Christbaumkugel – ein Mädchen. Noch nie war er so nah und bereit, seine Hand zur Friedensbekundung hinzuhalten. Im postweihnachtlichen Herzen pädagogische Ergüsse aus der Levana: ‚Die Sittlichkeit der Mädchen ist Sitte, nicht Grundsatz. Den Knaben könnte man durch das böse Beispiel trunkener Heloten bessern, das Mädchen nur durch ein gutes ... Mädchen sind zarte, weiße Paris-Apfelblüten, Stubenblumen, von welchen man den Schimmel nicht mit der Hand, sondern mit feinen Pinseln kehren muss. Sie sollten, wie die Priesterinnen des Altertums, nur in heiligen Orten erzogen werden und nicht das Rohe, Unsittliche, Gewalttätige hören, geschweige sehen...Mädchen wie Perlen und Pfaue schätzt man nach keiner anderen Farbe als der weißesten'...
„Fotzelecker", warf unschuldiger Mund aus und deflorierte seine Hochstimmung. Der gebotene Arm fiel betäubt, sein Gesicht ein ausgetretener Kuhfladen. Wie gejagt nahm er die Schultreppe in einem Bündel und flüchtete in den zwiespältigen Schutz der Amtsräume. Als ihm beim Türeschließen noch ein ‚Mutterficker' hinterherflog, wusste er es wieder: Er war daheim, überwältigt zwar, aber gefasst, dankbar ein wenig – und unendlich ferienreif.

Apfelfamilie

An sich ist Apfelessen eine ebenso gewöhnliche und gesunde wie simple Einlassung. Notwendigkeit sogar für viele. Es gestaltete sich aber immer irgendwie unbeschreiblich, wenn der Kleine – Apfelmonster nannte ihn die Familie –, hartpralle Äpfel aufbrach. Es war ja auch immer mehr als ein normaler Biss.
Bei dem Kleinen kam es zunächst von ganz hinten, aus dem Genick fast, Kleinhirn gar. So wie ein noch frischer Baum unten an der kropfigen Veredlung durch Überbiegen gewaltsam bricht, sperr/schnell/knall. Höchstens noch verstärkt und zum Tönen gebracht in verschiedenen Kammern des Mundgewölbes. Weiter nach vorn kam's zähnig dann gedämpft und feucht, ein wenig ähnlich einer Brettlawine, wenn sie sich zerfließt zwischen jungbiegigen Tannenstämmchen.
Derart hat der Kleine immer in den Apfel geschlagen, die süße Festung aufgebrochen, das weiße Fleisch gerissen, dass seine große Schwester draußen im Hof auf viel zu schmalem Schaukelholz nichts entgegen zu setzen wusste, als backbalkig weiter zu hocken.
Wobei ihre großen Brüder, der Vater auch, und die Onkels erst drumrum es kinnwässrig wieder wussten: Apfelessen hat so was Erotisches.

Winterbienen

Sabine genoss nichts mehr, als an langen Sommertagen bei letzter Streichelsonne im Garten auf niedriger Rollliege zwischen den Blumen zu ruhen. Dabei brachte sie den Kopf ganz nah an ihre Lieblinge heran. War dann mitten unter ihnen. Freundin, Schwester. Respekt hatte sie immer vor den großwichtigen Köpfen des Gartenmohns. Doch am liebsten koste sie die Zwerganemonen und ließ dabei ihre Fingerrücken sacht durch die lila Polster fließen. Die andere Hand lag dann meist lässig ins kühlende Gras gestützt. Und wenn noch ein wenig abendverlorene Luft von den bewaldeten Höhen runter über den Garten schob, die Feuerköpfe zum Schaukeln brachte, sog Sabine mit weit geöffneten Nasen den Duft von Blüten, Gras und Erde tief in sich hinein.

Aber dann war es Herbst. Er kam nicht samtpfotig, mit prallem Apfelgesicht und Süße um den Früchtemund. Er trug auch keinen warm getönten Blätterwams über dickem Kartoffelbauch mit Aster im Knopfloch.

Es war der andere Herbst. Der Tagbezwinger, Bäumeplünderer, Nebelwürger, Gräbergärtner. Der Herbst, der die Krähen über aufgebrochene Felder bläst und durch leeres Land mit seinen Winden scharf wie Wölfe streift. Und die Sommerkinder zu sich in die Erde ruft.

Nachdem Binchen lange allein geblieben war und schon viel zu lange Jahre ihren Garten verloren hatte, verlebte es kränkelnd, ‚sonderlich', die anderen, in einer Stadtmansarde. Den ganzen Tag über starrte es durch ein hohes Fenster gegen den bröckligen Putz einer hochragenden Wand. Nur ein Dreieck Himmel war ihm geblieben, nicht größer als ein Kleiderbügel. Bildschirm genug, von dem Binchen die Jahreszeiten, Monate sogar ablesen konnte. Bläue, Dunst, Wolken, Regen, Schnee führten sicher durch das zeitliche Programm.

Der letzte Winter geriet besonders hart. Bine sah das am Stahlblau des Tages und nächtlichen Tiefklar zweier Februarsterne. Ein vertrautes eisiges Paar. Dann fiel die Heizung aus. Vielleicht wurde sie auch nur abgestellt. Sicher, es lagen schon mal Briefe ungeöffnet,

Aufforderungen blieben unbeachtet. Es konnte auch sein, dass die anderen annahmen, die Frau sei irgendwie nicht mehr da. Jetzt blieb die alte Bine die meiste Zeit im Bett. Kälte und Keuchen hatten sich festgesetzt. Sie rollte sich ein und starrte mit halboffenen Augen zum Fenster hoch. Kroch nur noch selten hervor, um sich was Heißes zu brauen. Tee oder Blümchenkaffee. Dazu kaute sie stundenlang Zwieback und Knäckebrot. Kurzlebiges Essen war ihr längst ausgegangen. Der Kühlschrank gab knappes Licht.

Eines Morgens, die Alte musste länger als sonst dösig gelegen haben, blitzte es grell in ihre leeren Augen. Die schon etwas höher stehende Sonne ließ das Mansardenfenster aufbrennen. Licht brach sich in einem bizarren Ornament aus Eisblumen. Reflektierte in Regenbogenfarben, funkelte auf und spielte mit Millionen Glitzerpünktchen auf Stielen, Blüten und Blättern. Und wenn die Alte mühsam den Kopf bewegte, verschob es sich und änderte an den Rändern. Und in den glasigen Blattadern wollte sie Strömendes ausgemacht haben. Als dann der schwache Hals den Kopf nicht weiter biegen konnte, stierte sie nur noch mit weiten Augen zum Eisgarten hoch. Die weiterziehende Sonne zauberte neue Rabatten, zog andere Gehwege, ließ Triebe keimen, Stengel verranken und Blattspitzen schießen. Staubgefäße strahlten auf und verloschen. Und dann ließ sie den Grund aufleuchten. Gräser blinkten – und da, etwas Längliches, die Rollliege ganz sicher. Weiter vorne, zum Anfassen rund, Mohn. Die prallen Köpfe schwankten leicht bei jedem Wimperschlag. Und flackerte etwas Gewölbtes weiter unten auf. Anemonen, ganz sicher. Die igligen Polster gezeichnet von grellen Silbergriffeln. –
Die Alte strebte auf, hin zu ihrem Blumengarten. Nur noch einmal ganz nah sein. Den totalen Kopf noch einmal ankuscheln. – Mit letzter Kraft zog sie sich hoch mit knöchrigen Fingern in die harten Heizungsrippen gekrallt. Erreichte die Fensterbank, stemmte sich auf einen Schemel und reckte die gestorbenen Hände nach ihren Lieblingen. Sie nur berühren, noch einmal antasten.
Dann knickte die Alte ein, sackte weg und fiel. Unter dem Fenster auf dem Boden blieb sie auf dem Rücken liegen. Steif wie eine weggetrocknete Winterbiene.

Als die anderen die Mumie endlich fanden, entdeckte man Kratzspuren in der Fensterscheibe und in verkrampften Fingern mit abgebrochenen Nägeln Blumen – Anemonen.

Pferdefrühling

Früh war's, zu früh vielleicht, das Gras noch grau, die Buschwindröschen blass, geduckt und verbogen in immer noch zu scharfer Luft, mein Weg wie jedes Jahr über Aufgetautes hin zu den schiefen Zäunen voller Rost und Faul, und da die Pferde eng und müd und stumm, die dicken Hintern in den Wind, Monumente, Zeugen jahrtausendlanger Schinderei, die schweren Köpfe mit zu wenig Licht in den Augen zur Erde runter, und mir war's, als käme zurück der Winter.

Symbole

Sie schmiert ab, sackt durch, die Taube, nur ankommen, auch ohne Landeerlaubnis, leidlich sicher aufsetzen, das blutige Fahrwerk ist ausgefahren, Notlandung, natürlich, mit schliffgespitztem Palmzweig durch die Brust, von hinten durchgeschossen, jetzt nur nicht aufklatschen, vor schwarz-polierte Stiefel gar, nicht im braunen Dreck zerschmettern, der Palmzweig wird Stütze sein, pfahlgepfählt, flügelspitz gekreuzigt, gerichtet, aber vom Himmel gekommen, Symbole des Friedens, immerhin.

Findling

Es war vor längerer Zeit. – Ein noch junges Paar hatte auf einmal ein Kind, das nicht gedeihen wollte. Und täglich mehr mickerte, dass niemand mit nichts zu helfen wusste. Bis jemand von der heilenden Kraft der Erde zu versprechen sich erinnerte.
Weil von oben verboten, taten es Mutter und Vater runter, versteckt in die hinterste Gartenecke, nahe beim Komposthaufen. Hier war der Boden besonders weich und ergiebig. Humus halt.
Die Eltern vergruben also ihr kränkelndes Kind bis zum Halse und überließen es einem nährreichen und heilbringendem Grund. Unter dem Köpfchen nur bekleidet mit einem Halstüchlein gegen lästige Krabbler. Möglicherweis. Immerhin.
Erst hing das Kleine schlaff zwischen Zaun und Verschlag. Dann aber, als die Sonne täglich höher gehen konnte, musste es sich ordentlich strecken, um mitzuhalten. Gräser, Löwenzahn und die vielen wilden Himbeertriebe am Draht, aber auch vom letzten Jahr stehengebliebene Porreestangen griffen ungehörig um sich. Am ärgsten trieb es der vielstielige Rhabarber, der dabei war, seine lichtraubenden Schirme aufzuspannen.
Dann mussten die Erwachsenen irgendwie weg und sind irgendwarum lange geblieben. – Bei ihrer Rückkehr fanden sie alles wohlbehalten vor. Bis auf Staub und Spinnen drinnen, klar, gestorbene Zimmerpflanzen, ein ausgelaufener Kühlschrank und Fliegenmumien rücklings auf den Fensterbänken. Im Garten stand der Rasen kniehoch, natürlich, Unkraut bis zur Terrassentür, zwei durch eine Gewitterbö umgeworfene Oleander und der teure Terrakotta auf dem Buchenrundklotz in Scherben. –
Und in der Ecke beim Komposthaufen direkt beim ausladenden Rhabarber ein seltsames Gewächs. Ähnlich einem besonders hoch geschossenen, dickhalsigen Wirsing. Rund um den Stiel Wurmgänge, zerfressene Deckblätter hingen wie Hautfetzen. Weiter nach innen sorgfältiger, zarter auch, blutrosig mit zwei schwarzen Käferchen über fleischig Verwachsenem wie zwei lustige Äuglein. Und, wenn die Zwei mit ihren Greifern näher kommen wollten, verschloss sich

der Kopf. Wie eine Fliegenfalle. –
‚Wirsing!, das ist ein Pilz', bestimmte der Mann. ‚Pilze schießen auf in einer Nacht. Haben die verrücktesten Formen.'
‚Hübsch', die Frau, ‚wie sich doch manchmal etwas von selber versät und erledigt. Das Ding holen wir rein ans Fenster in den roten Pott.'
‚Gut, und ich halte es ordentlich klein, mit der Schere, verschneide es wie ein Bonsai. So welche Kreaturen müssen zur Räson gebracht werden. Kann man nicht genug auf der Hut sein.'
Drinnen am Fenster geriet das Kleine noch weniger. Im Sommer stach es die Sonne wie unter einem Brennglas. Und im Winter nahm ihm die Heizungsluft den Atem. –
Doch am meisten kümmerte es, dass die Dame vor allen Neugierigen mit spitzem Finger auf es zeigte, und der Herr immer so viel an ihm rumzuschnippseln hatte.

Das Gespräch

Wie sind Sie bloß auf die Idee gekommen, wo nehmen Sie nur den Mut her, was denken Sie, wen Sie vor sich haben, vielleicht haben Sie die Güte und erklären ..., wollen Sie mich gefälligst ausreden lassen, was glauben Sie, was Sie sind, soll ich noch deutlicher werden, verstehen Sie mich etwa nicht, können Sie mir noch folgen, hören Sie mir eigentlich zu, ja, sind Sie überhaupt noch da ..., warum fühle ich mich nach jedem Gespräch so ausgehöhlt und hundeelend?

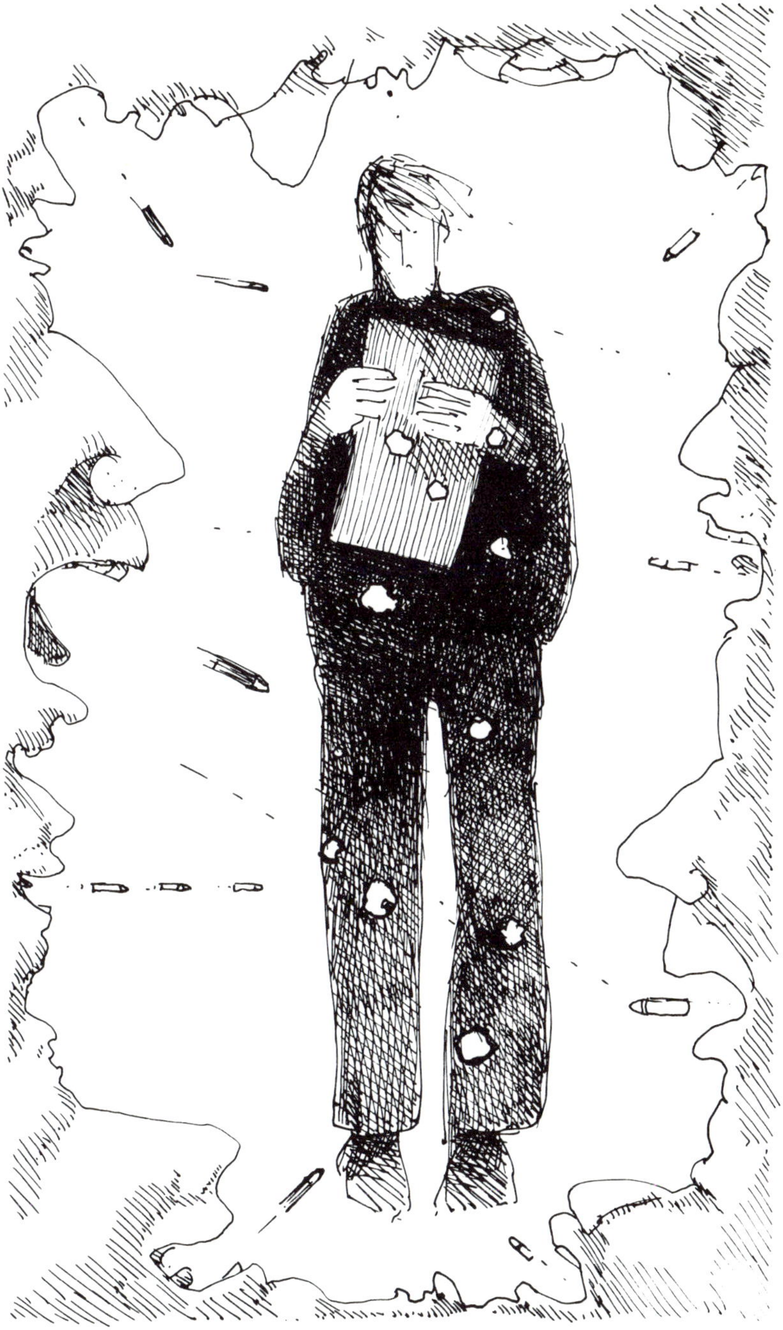

Das Nachtfenster

Nicht, dass Eva eine Kopfkissen-Leseratte wäre, die ganze Blätterpacken verschlingt, um sich mit quälerischen Hirnblähungen einer unruhigen Nacht auszuliefern. Im Gegenteil: Es kommt vor, dass ein Buch monatelang auf dem Nachttisch liegt, ohne dass das Lesezeichen Anstalten macht, auch nur einen Millimeter weiterzuwandern. Eva will zur Nacht auch nicht unterhalten sein. Schon gar nicht von dünnschwätziger oder fatiganter Breitwalzlektüre. Für Unterhaltung hat der Tag genügend gesorgt. Zugegeben, Plattheiten meist: Wie geht's ... endlich besseres Wetter heute ... was machen die Kinder ... meine Kopfschmerzen ...
Eva liebt es, schon nach wenigen Sätzen anzuhalten, das Buch über die Fingerrücken zu klappen, den Kopf zurückzulegen und die Fäden weiterzuspinnen. Genüsslich schlürft sie den Sätzen zuerst das Mark aus, nimmt dann die leeren Hülsen und zimmert daraus Gerüste für eigene Geschichten.
Ein warmes Licht der Nachttischlampe stößt hart gegen das mondhelle, leicht gekippte Schlafzimmerfenster. Breitwüchsige Edelfichten umstehen die Terrasse wie eine schwarze Wand. Ihre Spitzen stechen den Himmel. Eva will weiterlesen, dreht sich zum Licht, zuckt zusammen. Das ganze Fenster ist von einem massigen Hundekopf ausgefüllt. Wie von einem schwarzen, mit einem Wolfskopf bedrucktem Tuch zugehängt. Ballgroße, fluoreszierende Augen mit starren Pupillen, aus klaffenden Kiefern mörderische Zähne. Dazwischen fließt etwas Nassglänzendes, unendlich lang Gezogenes. Wie dickflüssiges Blut über Porzellanscherben gegossen. Die Zunge zittert im kurz gestoßenen Atem. Monströse Vorderpranken liegen auf das gekippte Glas gestemmt.
Jetzt nicht rühren. Nicht atmen. Sich totstellen wie ein überraschter Käfer. Eva hat die Hand nicht weit vom Kippschalter der Nachtlampe. Dorthin gleiten ihre Finger. Wie eine Natter, wenn sie Beute züngelt. So langsam, dass es in der Schulter schmerzt. Eva muss sich unsichtbar machen. Wegnehmen. Diesen unheimlichen Augen entziehen.

Endlich – aus – dunkel – fort – verschwunden. Draußen weisen die Fichtenspitzen wie erhobene Zeigefinger in den Nachthimmel.

Dann Geräusche vor dem Haus, auf der Treppe. Tritte am Eingang. Ein heiseres, bellendes Husten von der Diele. – Christian? Endlich zurück? Er hustet immer, wenn er aus verräucherten Kneipen nach Hause kommt. Schritte, Knistern. Schaben an der Flurtapete, Kratzen an der Schlafzimmertür. Auf – Licht – Christian! Voran ein verschwenderischer Rosenstrauß in Zellophan gehüllt.

„Für dich, Eva-Schatz, zum Geburtstag noch. Aber du bist ja ganz nass im Gesicht. War aber auch verdammt heiß heute. Kühlt nachts kaum ab. Ich mache mal das Fenster richtig auf. Die Scheibe ist ja angelaufen. Und stell dir vor: Beinahe hätte ich doch einen Hund überfahren. 'nen riesengroßen schwarzen Köter. Direkt vor unserer Garage."

Die beiden Alten

Ein Reise-Prospekt-Sommer. Früh schon schmerzten Düsenjäger. Am Mittag glühten die Dächer. Abends wehten die Mädchen durch die Gassen, und in der Nacht konnte man den Mond vorüberschwimmen sehen.
Anfangs nickten sie den beiden Alten freundnachbarschaftlich zu. Die Leute aus dem Block. Wenn sie am Morgen zur Arbeit ausschwärmten und nachmittags, wenn sie wieder hereindrängten. Die Alten saßen den ganzen Tag auf ihrem Balkon und lächelten herunter. In ihre großgeblümten Ohrensessel gelehnt, eingerahmt von blauem Kaffeegeschirr und rosaroten Clematisblüten..
Mit der Zeit begann es verlegen zu werden. Das Hinaufgrüßen. Schließlich hat man sich, bis auf die Hochsommertage, das ganze Jahr über nie gesehen. Und auch Freundlichkeit geht mal aus, wie Kopfsalat im Gemüseregal. Ganz natürlich, bei diesem ewigen Balkonruntergrienen.
Endlich wurde sie zum Ärgernis. Die unverschämte Lache. Von morgens bis abends. Edelrentner, tuschelte man. Tagediebe, hieß es. Faulenzer, wusste jeder, der am Morgen raus musste aus dem Block. Ranschaffen. Auch für die da oben! Und immer unter diesem verdammten Balkon vorbei. Mit den Schmarotzergrimassen drauf. Von morgens bis abends. Am Schluss wurde man beim Hausverwalter vorstellig. Es kamen sogar Unterschriften zusammen. Gegen dieses dreckige Grinsen.
Die Beerdigung war an einem Samstag. – Drei Wochen hatten die Alten tot gesessen. In ihre großen, geblümten Sessel gelehnt. Eingetrocknet zu Balkonmumien. Zwischen blauen Kaffeegeschirr und rosaroten Clematisblüten.
Der Hausverwalter war bemüht worden. Zum Einrichten der Gemeinschaftsantenne.
Niemand aus dem Block war mit zum Friedhof. Die Beerdigung war an einem Samstag. Ausgerechnet an einem Samstag. An einem Bundesligasamstag mit Autowaschen davor.

Feuerkopf

Inflammables habe er im Kopf, sagen sie, Pyromanen allesamt, steht es für ihn fest, (dabei hat er nur mal hier und dort gezündelt), hat auch schon von was im Kopf gehört, Pflanzliches, Tierisches, Baumaterial auch und allerlei Artikel wie Messer, Gabel, Schere, Licht, aber Inflammables im Hirn gibt ihm zu denken auf, (ja nun, zwei Schuppen und ein Haus, e i n vergammeltes Haus, war nix Vernünftiges drin), also, Inflammables im Bregen ärgert ihn (sind ja alle früh genug getürmt), Hass kann er kriegen, wenn er so was hört, und treibt sich seitdem rum bei Gedroschenem und braunem Holz, wo er darauf brennt, es ihnen hörig heimzuheizen.

Man kann nie wissen

Mit dem Sprung von der Autobahnbrücke will sie alles hinter sich lassen. Zum erstenmal im Leben einen nennenswerten Vorsprung herausholen. –
Sofort fährt sie der Wind an, nimmt sie in fragile Arme und lagert sie tief. Und bringt sie um den Atem. Dann verschafft er Wattigkeit. Am Ende schmeißt er sie in die Eisenhand der Erde. –
Und alle fliegen sie an ihr vorüber. Ein überdrehter Stummfilm. Mit grotesken Visagen wie aus gewölbten Spiegeln. Blöd-traurig meist. Vermischt mit Geblasenem, Schnäuzigkeit, Rauschgold, Abfahrt und immer wieder Abfahrt. –
Und überall Christian. Mit seiner Alpha-Lache. Lacht sie an und aus und tot. Wie oft hat er sie schon totgelacht. Das ist es, was den Sprung auf einmal überflüssig macht. Das Lachen leitet über zur Tagesordnung, Nebenbei-leidend, rasch. –
Es durchfährt sie wie ein Schlag. Sie will zurück. Nach irgendetwas greifen. Widerstand spüren. Doch grapscht sie nur höhnisch-pfeifende, arglistig-nachgebende Luft. –
Und als sie erwacht, liegt sie geschmettert und zerbrochen. Starrt mit weiten, weißverdrehten Augen hoch zur Brücke. Die aber ist unerreichbar hoch, abweisend und verschlossen.
Irgendwie hat sie vor dem Sprung vergessen, das eiserne Geländer zu öffnen. Für den Rückweg offen zu halten. - Man kann nie wissen.

Gutem Tag

‚Mann, Sie müssen endlich raus aus dem Trott', hat ihn heute einer gemahnt. – Also setzt sich Herr Rosenblüm hin und überlegt, was er anders machen könnte. Mit etwas ganz Einfachem, Unverfänglichem will er beginnen. Gleich am nächsten Tag:
‚Gutem Tag, Frau Mundisch', sagt er am Morgen zur Vermieterin von unter ihm, die er eigentlich nicht mehr grüßen wollte.
‚Gutem Tag', grüßt er den Busfahrer.
‚Gutem Tag', sagt er dem Pförtner.
‚Gutem Tag', seinem Schreibtischgegenüber.
‚Gutem Tag', dem Chef.
‚Gutem Tag', der Ladenfrau auf dem Nachhauseweg.
Das macht er jeden Tag so. Hat seinen Spaß, wie sie alle ohrerschrocken zu ihm aufblicken. – Bis einige Tage später:
‚Auf Wiedersehm, Herr Rosenblüm', zischelt die Verkäuferin.
‚Auf Wiedersehm', gibt der Chef zurück.
‚Auf Wiedersehm', versetzt der Schreibtischplatz.
‚Auf Wiedersehm', frotzelt der Pförtner.
‚Auf Wiedersehm', brummt der Busfahrer.
Bei jedem ‚Auf Wiedersehm' sackt Rosenblüm immer tiefer zusammen. Als stülpten sich die Wiedersehms über ihn wie eine fünfstöckige, hohndröhnende Glocke.

Frau Mundisch findet ihn als erste. Ganz oben im Treppenhaus. Am Geländer erhängt. Mit einer Gitarrensaite. Dicke E-Seite. Aus silberumsponnenem Katzendarm. – Eigentlich wollte Herr Rosenblüm immer schon etwas ganz Besonderes machen.

Abwürfe

Auf das Monster warten, an der Vaterhand, vor dem blechernen Beinhaus ausgeschlachteter Wracks, ineinander verkeilt wie Gewitterlämmer, für den Totentanz, – bis er dann ranrollt, der Rädermoloch, stelzennoppenfüßig und schon obenauf ist, stampft und tanzt, dass die Rümpfe wippen, Skelette brechen und Velourgeweide rostrot quillt, bis sich eins der Leiber aufwirft, so wie aus frischem Massengrab es hochgärt noch und den apokalyptischen Reiter wirft, von den Leichen rutscht, kippt und buckelliegt mit blanken Greifern quirlig in der leeren Luft, und das Kleine aufschreit an der Männerhand, die gegendrückt, es soll doch keine Angstbux sein, bis es ihm gelingt, sie wegzuwerfen, die Monsterfaust und wirr davonschreit.

Die Familiengruft

Die Familiengruft liegt – wenn man reinkommt – gleich links. Am Ende eines mit Eisengittern bewehrten Weges. Wie der Laufgang zu einem Raubtierkäfig. Ein dickes Kiespolster mäßigt das Auftreten der Hinterbliebenen. In Marmor gemeißelte Namen dokumentieren Ruherecht. Je älter, desto ausgefallener die verschnörkelten Buchstaben. Ganz unten eine übrig gebliebene blanke Zeile. Lädt ein zur letzten Platzierung.

Es lebten in der Familie zwei alte Tanten. Helen und Hermine. Schwestern, Fräuleins, weil auf Dauer unbemannt geblieben. Beiden winkte die Gruft. Helen stand sie am besten. Doch hatte es Hermine zur Oberstudienrätin gebracht.

„Wer zuerst stirbt, ruht zuerst", entschied der Familienrat.

So setzten die Tanten ein Gegrüßetseistdumariagesicht auf und baten den Herrgott um einen angenehmen Lebensabend nebst termingerechtem Ableben. – Lag Helen krank, war Hermine zur Stelle. Und ließ nicht eher ab, bis sie wieder auf die Beine kam. Tante Helen war eine nicht weniger verbissene Krankenschwester. – Mussten beide das Bett hüten, überboten sie sich in Wehleidigkeiten verbunden mit den besten Genesungswünschen.

Waren die Tanten gesund, so machte sie allein der Gedanke krank, eine könnte der anderen etwas vorleben. Und sich in die Gruft davonstehlen, wenn die andere am wenigstens damit rechnen durfte. So war denn gemeinsame Gesundheit am wenigsten erträglich. – Am Ende verlegten sie sich auf's Kränkeln, eine ebenso labile Gesundheit wie solide Krankheit. Ausreichend zum Leben und allzeit bereit zu sterben.

Nach vielen leidlichen Jahren durchkreuzte Daniel den tantengerechten Belegungsplan. Mit einer Honda. Fuhr schnurstracks mit gebrochenem Schädel in die Familiengruft ein. – Die Tanten waren sich einig: typisch Jugend, gaben das Kränkeln auf, wurden krank und lebten ab. Die Särge verschwanden in einem Reihen-Doppelgrab. Hanglage.

Die Familiengruft liegt – wenn man reinkommt – gleich links.

Postpostkrise

Das hinter Glas geschützte, unvermittelte ‚Sind-Sie-der-Herr-Bölkselbst', scheppernd wie sechs Mark aus dem Automaten gespuckt, verrückte den Abholer, dass er die Post verließ, ohne die versprochene Sendung, den Abholschein noch in Händen und die destabilisierende Anmache im Kopf, ob er der Herr Bölk selber sei, wenn's angeht, gefälligst auch noch, wo er doch persönlich hergekommen war, logisch er sich selbst sein m u s s t e , wer sapperment, er denn sonst hätte sein sollen, er also mit der ihn in eine Identitätskrise stürzenden Frage von dieser imbezilen Markenmieze mit Rollstempelbody aus dem Amte auf die Straße hastete, wo er geradewegs unter einem Auto zerfahren lag und erst nach längerer Krise zur Einsicht gelangte, damals einfach mit ‚ja' antworten zu sollen, müssen sogar.

Die Entsorgung

„Claudia, ich glaube nicht, dass wir deine Mutter länger bei uns halten können. Jetzt will sie auch noch einen Rollstuhl. So einen vollautomatischen mit Batterie. Dass sie nur überall ihre Nase reinstecken kann. Was der kostet. Hast du dir schon Gedanken gemacht? Und plotzt damit die Möbel an. Und die Spuren kriegst du auch nie mehr raus. Deine Mutter macht sich aber auch immer breiter. Wo andere in dem Alter bescheidener, unauffälliger, weniger werden."
–Heinzhorst sagte es ruhig und diszipliniert, aber nicht ohne Ernst. Heinzhorst war immer sehr bedacht.
Nicht, dass Oma besonders quengelig gewesen wäre. Sie sprach halt von einem Rollstuhl. Wie andere vom Urlaub, Malschönessengehn oder Sichwasbesonderesleisten reden. – Und außerdem hatte Heinzhorst seine Schwiegermutter nicht kränken wollen. Er meinte es ehrlich.
Oma hatte durch die Wand mitgehört. Alle Omas können durch die Wände hören. Sie sagen es nur nicht. – Und wirklich, die nächsten Tage brauchte sie schon weniger. Verkroch sich ganz in ihren Sessel. Der Rollstuhlprospekt war zur Seite gelegt.
Als sie gar nichts mehr zu sich nehmen wollte, sprach Claudia vom Arztholen. Heinzhorst winkte ab: „Das ist bei alten Leuten normal so."
Dann verreiste Claudia für 14 Tage. Alleine. Heinzhorst hatte plötzlich keinen Urlaub bekommen. Betriebliche Schwierigkeiten, hieß es. Nun ging alles sehr rasch. Die Alte begann zu schrumpfen. Wurde immer weniger. Zu einem Kind erst, dann zu einer Puppe, einer Heuschrecke, Stecknadel. Und am Ende lag ein Daunenfederchen auf dem Sitzpolster zwischen durchgeschabten Armlehnen. Heinzhorst saugte den Sessel ab. Zur Sicherheit. Der Rollstuhlprospekt konnte endlich zum Altpapier. – Wenn Claudia morgen heimkommt, soll alles schön sauber und aufgeräumt sein.

In wenigen Minuten

... in wenigen Minuten erreichen wir ... der Gong, die Stimme, das Klacken über Knoten, Wiegen in den Weichen ... wenige Minuten ... die eine Ewigkeit dauern nach zu langer, beschwerlicher Reise, froh, doch angekommen zu sein, gleich wo und dann nicht aussteigen wollen, erschöpft harren, weggestorben am Ende, ohne Auflehnung, wie die Flamme leicht verlöscht, der das Wachs ausgegangen ist ... in wenigen Minuten ...

Endstation

Eine ausgeräumte Ecke jetzt. Abgeschoben das Krankenbett. An der Kopfwand noch Fragmente, Torsi, Stümpfe. Trophäen einer Niederlage. Der Polyp hat seine Plastikarme eingezogen, die Säftespeier in die Wand verbracht. Schläuche, Kabel, schlaff hängende Tentakeln. Und der verhüllte Monitor das erstickte, blinde Haupt. – Die Hydra atmet noch, betäubt von süßlich satter Luft, vermengt mit Schweiß, Urin und Kot. – Das Monster kauert matt, doch bereit zum Sprung, zu greifen sich ein neues Opfer.

Der Patient hat längst den Platz verlassen, ist runter von der Intensiv und tiefer noch zum allerletzten Wasch.

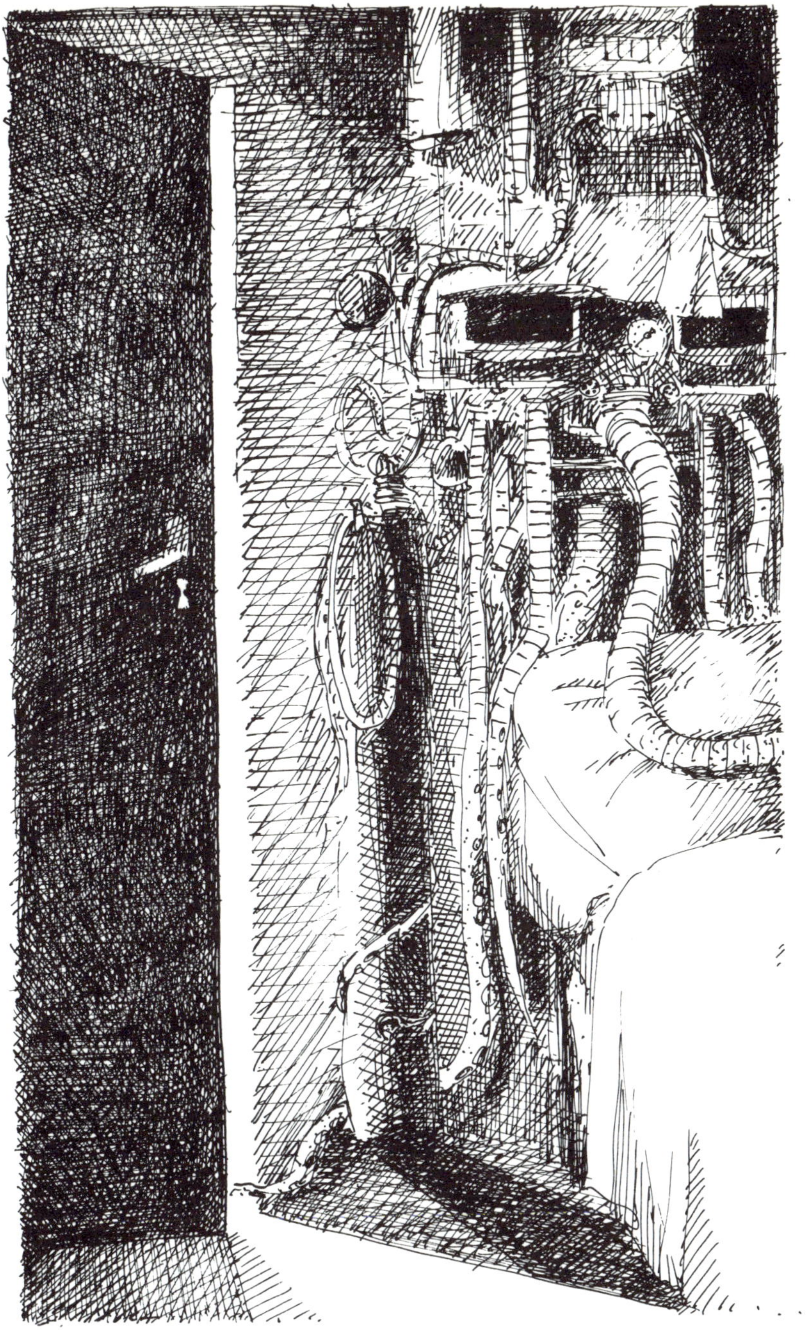

Regentage

Missgelaunt stößt er in der Frühe das Fenster auf. Sonne? Sonne. Zweimal, dreimal reibt er sich die zerregneten Augen. Quetscht er seine randvollen Tränensäcke in die Schläfen aus. Sonne. Endlich. Hat sich schon fast eingenistet, mutig in einen Bergsattel geschwungen. Blass-orange zuerst. Wie eine nicht ganz ausgereifte Apfelsine. Es scheint, als seien zwei Riesen zur Seite getreten, um die Frucht ungehindert ausreifen zu lassen. Der Himmel um die Frühsonne herum hat sich rötlich eingefärbt. Silberhelle Spitzen gehen im Frühdunst auf. Darunter sind die kupferfarbenen Türme auszumachen. Steilhänge fallen wattiert. Tragen Schaum um die felsigen Backen und Nasen. Schwarze Nadelstreifen zeigen ins Tal. Der Stausee hebt sein graues Augenlid. Auf der Hotelterrasse funkeln kleine Pfützen. Sie können einem fast leid tun. Und bohnengroße Wassertropfen auf der Fensterbank zittern im Morgenwind.

Da steigt es aus dem Tal. Menschen. Stecknadelgroß. Quellen her und krabbeln nach oben. In der Mitte aufgetürmt wie eine Pyramide. Ein zur Sonne hinaufwandernder aufgestöberter Ameisenhaufen. Saugt die noch blassen Farben auf. Zurück bleibt eine breite schmutzige Spur.

Jetzt hat die Spitze die Sonne erreicht. Durchsticht sie, und eine trübe Masse sprudelt in sie hinein, füllt sie immer mehr aus, nimmt in Besitz. Der Feuerball läuft aus, verströmt seine Glut, flackert noch einmal auf und verlöscht.

Der Himmel zieht sein Rot zurück. Verwahrt es hinter Bergkulissen. Wolken fallen wie Vorhänge. Dicke Ballen graues Tuch rollen ins Tal, klatschen gegen die Felsen und zerplatzen im Grund. Die Gischt spritzt bis zur Hotelterrasse herauf. – Es regnet. Wasserpfeile löchern die Pfützen. Die Tropfen auf der Fensterbank werden fett, vereinigen sich und rennen davon.

Er schließt das Fenster und weint. Weint seine wolkenweichen Tränensäcke voll. Bis zum Überlaufen voll.

Helden

Der Höhenrücken ein gestrandeter Buckelwal. Gefurcht von akkuraten Schollenreihen umgebrochener Felder. Darauf Puder wie Kräuselwellen vom Frost der klaren Nacht. In der Mitte ein grünes Herzstück Wintersaat. Am Himmel das blasse Morgenblau. Durchkreuzt von Silberstreifen hochfahrender Jets.

Im großen Grün ein Schwarz. Eine breite Woge Krähen. Und dann ein Bussard mittendrin. Wintermatt. Doch stark genug, auf einem schwarzen Rücken aufzureiten und das Bündel Vogel mit Dolchen in den Rücken erdwärts flachzudrücken.

Die Woge zerplatzt, schwappt her zum Jäger, flutet zurück, formt sich erneut, keilförmig jetzt zum Angriff, ebbt zurück mit mächtig Geschrei, plätschert wieder her, dreht weg, verläuft sich, wenn der Töter nur streng den Hammer hebt, um mit wuchtigen Hieben auf die Besiegte nieder zu fahren, dass Federteile spritzen und Kiele bersten und die Geschlagene aufruft, dass Einzelne herjagen, zum Scheine mehr, garniert mit tollen Flugkünsten und wieder zurück zum schwarzen Haufen, zum tapferen Heer, wo an der Opferstätte bei jedem Schnabelschlag mehr Grau und Rot und schon Blut aufbricht, dass die rauhe Stimme erstirbt, die Augen gelb verlöschen und der Kopf zur Seite fällt.

Ruhe kehrt in die Kolonie. Beginnt den Tag. Streicht ab. Lässt die Gefallene zurück im rohen Fleisch. Lärmt zur nächsten Deponie vielleicht, zum Klärwerk vor der großen Stadt auch. Nur lauter heute, weil nicht ohne Stolz auf frühen Heldenmut.

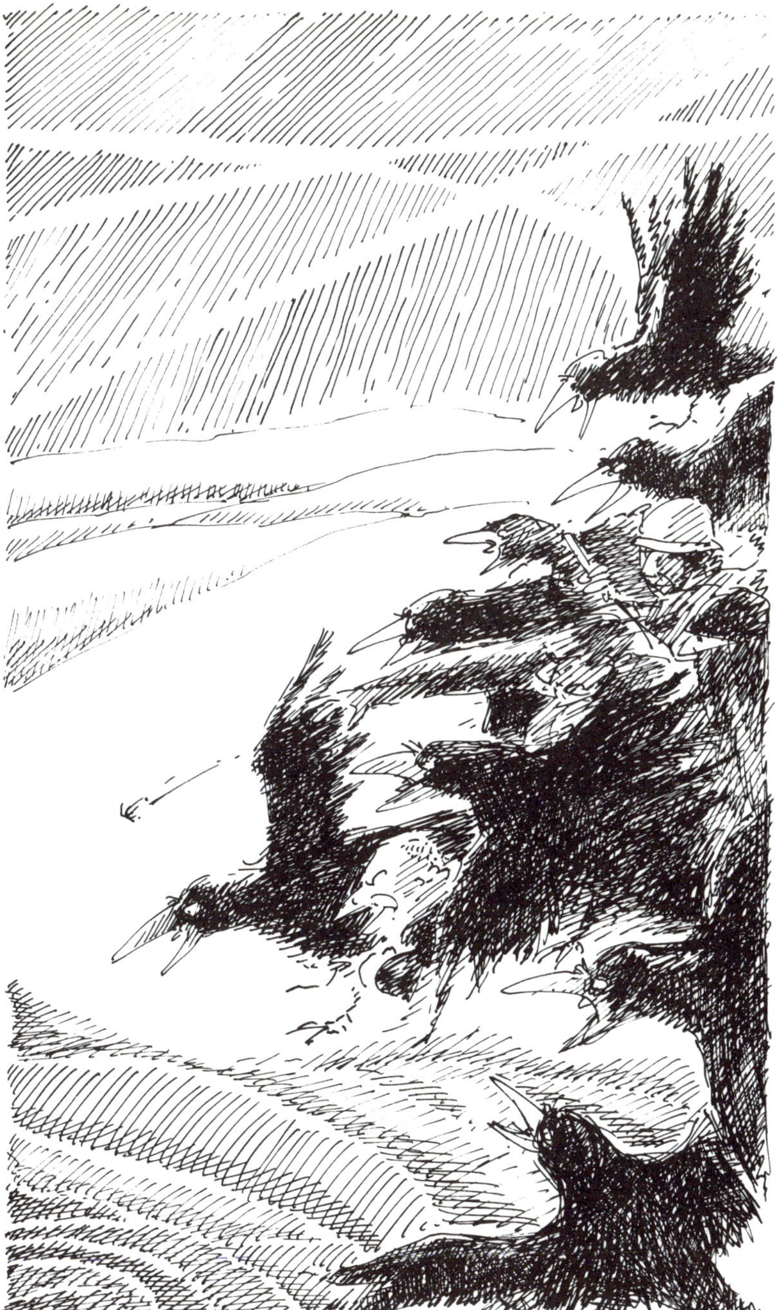

2. Sauerkauz

Gordian Gockel, Behörde, so eine Art Regierung,
der Name allein

Blauer Spaten – violett

Rentner. Beide. Und. Ist ja nicht Schimpfwort. Sonst wie gehabt. Morgens etwas länger liegen. Mehr Zeit für Kaffee, Zeitung, Schwatz. Dann aber auch schon tausend Dinge. Enkelchen auch. Die Zeit fliegt. – Wie gehabt. Wie gesagt. Am Sonntagmorgen tun sie's am liebsten. Kaffeetrinken hinter der großen Scheibe. Ziehen den Vorhang der Terrassentür zurück und schauen ihre Welt. Nichts. Wie gestorben in der Frühe.

„Gell, Rosel, mir sin noch gut beisamme", Herrmann, und haut auf die Platte, dass Kaffee schwappt und BILDamSONNTAG braune Spritzer abbekommt. „Die da drübe, die Neue, han endlich mal wat geschafft. De Spate steht noch am Zaun. Die Wurzele treibe ganz schlimm, und dene ihre Blätter komme all of unsere Rase. Und bald is Schnee. Ham mir in de Knoche, gell."

„Nächstens tust du dir selber Kaffee nachschütte", Rosel.

Am anderen Morgen gerät der Blick zufällig eher aus der Zeitung rüber zum Zaun.

„Guck mal, Rosel, de Spate steht immer noch da. Hab ich mir gleich gedacht. Die brauche den dies Jahr nimmi."

„Sollst erst dat Messer sauber mache, wenn de in die Butter gehst", Rosel.

Einen Kaffeemorgen weiter:

„Du, Rosel, da steht dat blöde Ding ja immer noch. Hatten de ganze Tag gestern Zeit dat Gerät fortzuschaffe. Aber die lasse den extra stehn. M i r brauche keine Mahnung von dene. Unser Stück is tipptopp. Fertig für de Winter, gell, Rosel."

„Hoffentlich hast du diesmal nix über dat Ei zu meckere", Rosel.

Früh am Donnerstag:

„Scheiß Spate. Nur dat mir immer drauf gucke müsse. Und hier guck mal, wat die mit de Rentner mache wolle. Inflationsausgleich kriege mir nur noch. Wat han die dann mit unserem ganze Geld gemacht."

„Sollst doch die Tablett vor dem Ei hole", Rosel.

„Jetzt am Freitag is schon fast die ganze Woch um. Und dat Sau-

ding steht immer noch da. Auch noch blau. Hast du schon nen blauen Spate gesehn. Dat mache die noch nur, um uns zu ärgern. Aber net mit mir. Net mit dem Herrmann. Die solle noch wat erlebe, dat Pack.
„Lass doch einmal die Zeitung zusamme. Ich will se auch noch lese", Rosel.
„Also so wat. Am Sonntag steht mir dat Dreckding net mehr am Zaun. Dat garantiere ich dene drübe, den Verbrechern. Dann könne die mal den Herrmann kennenlerne."
„Ich mach mich jetzt ab in die Stadt einkaufe", Rosel.
In der Nacht zum Sonntag ist Schnee gefallen. Erster pappiger Novemberschnee. Rosel hat den Herrmann schon zweimal zum Kaffee gerufen und fängt schon mal an. Hat ihn heute noch gar nicht zu Gesicht bekommen. Schlafen schon beinahe drei Jahre getrennt.
„Kann sein Geschnarsche nicht mehr höre. Und alles", Rosel.
Ihr Blick läuft über die Terrasse, quert ein Weiß, verfängt sich drüben am Zaun und endet beim Spaten. Daneben ein Haufen, Bündel, wie eine umgestürzte Vogelscheuche, eine Lumpenpuppe, ein Mensch, Mann, gefallen, Herrmann, tot, als Rosel ankommt. Erschlagen. Mit einer bösen Spalte in der Stirn. Und viel Blut hat den Schnee gelöchert. Der Spaten jetzt am Baum. Wuchtig, trotzig. Und am blauen Schwert runter rote Streifen. Schimmern violett im hochkommenden Tag. Wie Rosels neue Glaskugeln.
„Komisch, schon an Allerheilige muss man an Weihnachte denke", Rosel.
Rosel geht zurück ins Haus und versperrt sich. – Die Nachbarn, die Neuen, sind schon seit einer Woche ausgezogen.

Alpha

Zeugnisse, Qualis, alles Banane, keuche ich nach den Vorstellungen, wie ein Wolf, der zur Party nur Schnauzverlesenes einlädt, und die Beschränkten sich mühen, rabenstarke Geschenke mitzubringen, bis ein Schweinchen – Spanferkel schätze ich – so ein richtiges Rosasoftie, fragt, womit e s denn kommen solle, man, was hat das Kind nicht alles hinter den Klamotten versteckt, das reicht für, na ja, was jucken mich die Trockenfrösche und buckligen Brotspinnen, man, das gar' ich an, wickel's ab, das roll' ich über fragt auch noch, was es als Geschenk mitbringen soll, da sag' ich Wolf doch ‚magensacknochmal, nichts mein Liebes, nichts, komm nur so wie du bist', dabei gluckst und würgt es mich, als wäre mir ein ganzer Hinterschinken reingerutscht und wische mir mit wässriger Zunge über die Zähne.

Mengenlehre

War reingeraten, wie man so reingerät, wo er doch die ‚sündigen Orte', wie seine Gattin Striplokale zu beschreiben pflegte, eher mied, hockte zusammengesackt, kaute an der teuren Flüssigkeit, als hätte er 'nen Knoten auf der Röhre, schaute das Fleisch, dachte an zu Hause, viel Fleisch, dachte an zu Hause, viel zu viel Fleisch, reine Verschwendung, dachte an zu Hause und sah das Unheil mit feuchten Händen kommen – diese Mengen ohne BH, Mann Gottes – so dass er auf dem Nachhauseweg ständig an die Peinlichkeit erinnert wurde, nicht ohne den festen Entschluss zu fassen, nun endlich – am besten gleich morgen – seiner Gattin die lange versprochene Hängevitrine für über's Sideboard zu besorgen und direkt festzumachen.

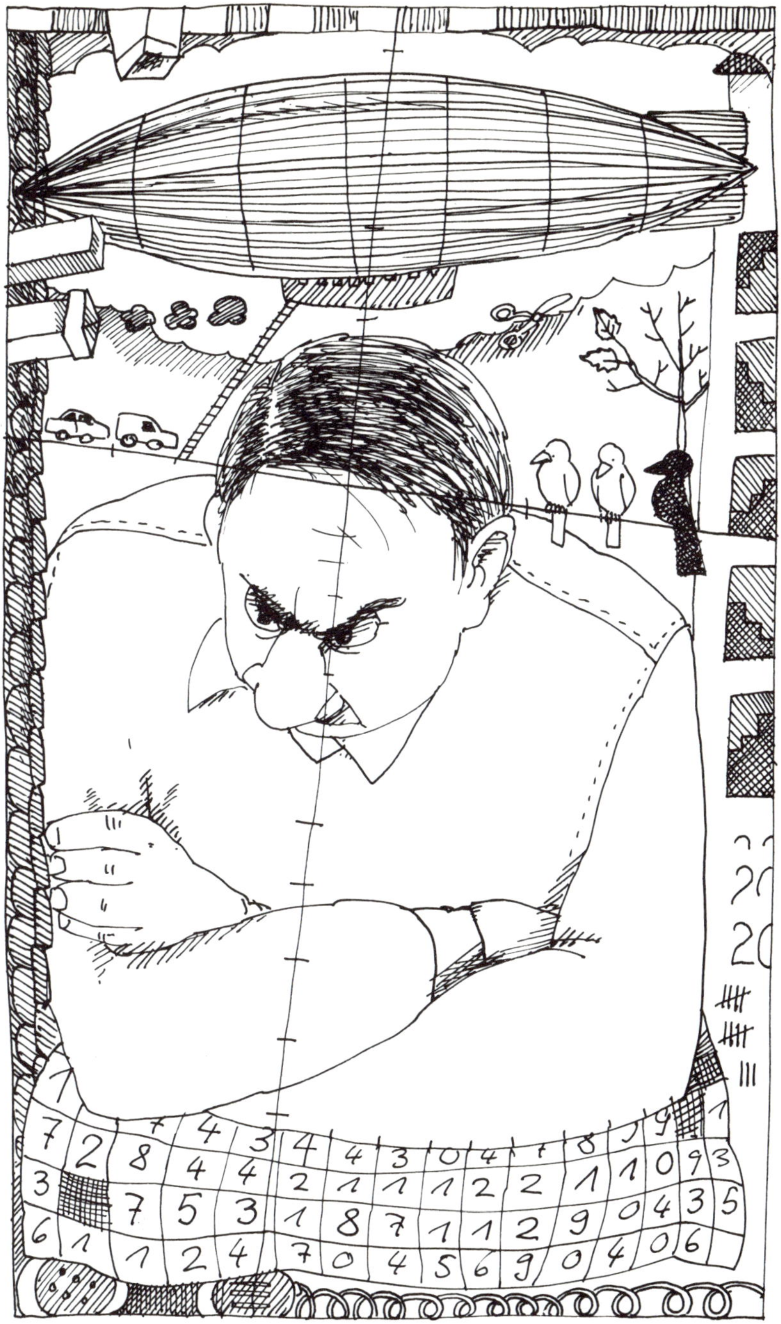

Florian

Der alte Florian war immer präsent – am offenen Fenster seiner Dachwohnung. Hinter dem Fenster auch bei Halbgardinen im Winter und zu kühlem Herbst. Vom dritten Stock schaute er zwischen geschachtelten Dächern und abgängigen Fassaden runter auf ein eingeklemmtes Lindchen erst. Und ganz unten auf ein Stückchen Straße, gerade drei Busse lang. Über ihm türmten sich die Giebel und gaben eine Parzelle Himmel frei, breit wie ein Zeppelin. Tatsächlich standen einmal drei Busse in einer Stockung und füllten die Straße aus. Und schob ein Reklamezeppelin vorüber dick und lang wie sein Flecken Himmel.

Florian war gegenwärtig. Wie man da sein kann unter einem Dach mit nur e i n e m Fenster und e i n e r genügend breiten Fensterbank, auf die man den Oberkörper wie auf eine Lafette betten kann, bei platt gestellten Füßen und durchgedrückten Knien. Seine Ellenbogen hornbeplattete Postamente.

Der frühe Witwer hatte es mit Zahlen. Vielleicht weil er als Zählbeamter mehr als 40 Jahre auf der Stadtkasse gesessen hatte. Wohlsein und Unwohlsein hingen vom sicheren Umgang mit Zählbarem ab. Dazu hatte er ein ausgetüfteltes Schätz/Zählsystem entwickelt, mit dem er seine Kunstfertigkeit, mehr noch seine geistige Fitness beweisen konnte, wann immer es ihm danach war.

Vom Drittenstockfenster hatte Florian nach und nach alles in sein Zählvisier genommen. Seinem System unterworfen. Giebelhölzer, Schornsteine, Dachziegel, Fenster, Drähte, selbst Mauerrisse, Wasserflecken oder Flechten auf den alten Dachplatten. Das System war simpel und verlief immer gleich. Dreiphasisch: markieren – konzentrierter Schätzblick – zählen. Kurz: M/KS/Z. Bei einer Menge von 5 bis 10 durfte er sich um e i n e Einheit vertun. Um die 10 herum um zwei und im Zwanzigerbereich um vier. So gab er sich Richtwerte, Normen, Gesetze nach langjähriger Übung und Erfahrung. Mengen unter 5 verdienten keine Beachtung. Forderten nicht heraus. Hat jeder Halbsimpel simultan im Griff. Und Dinge, die regellos und massenhaft auftraten, wie die Lindenblätter oder auch bloß auf und ab tanzende Mückchen lagen außerhalb seiner Möglichkeiten. Waren unkalkulierbar. Riskant sogar.

Zweimal erst traf Florian daneben. Bei den verfluchten Schornsteinen im Zehnerbereich. Schätzte 12 und konnte dann nur bis 9 zählen. Das andere Mal vertat er sich bei nur e i n e r Dachziegelreihe im Zwanzigerbereich gleich um 6. Nach den Kaminen überfiel Florian eine Apathie mit gefährlicher Appetitlosigkeit. Die blöden Dachziegel warfen ihn für Wochen ins Bett. Allgemeine Lebensunlust. Es halfen keine Ausreden. Hätte überblicken müssen, dass die Schornsteine verschieden groß waren und ungeordnet standen. Und das mit der Ziegelreihe war unentschuldbar. War beim konzentrierten Schätzblick nicht bei der Sache, sorglos, überheblich vielleicht. Florian kam dann wieder auf und zurück ans Fenster. Und betrieb sein System mit erhöhter Präzision und größtem Erfolg.

Mit der Zeit wagte sich Florian sogar an bewegliche Größen heran. Vögel auf den Drähten, Wolkenballen im Himmelsstück oder Fliegen an hellen Wänden, wenn sie sich die dicken Hintern in der Sonne wärmten. Florian ließ von dieser Kühnheit bald ab. Geriet ihm zu unsicher. Auch wollten die Augen nicht mehr richtig. Und einmal sah er alles verschwommen, schwarz auch.

Selbst bei Verrichtungen, und waren sie noch so unerlässlich, ließ sich Florian von Mengen leiten. Jetzt handelte es sich um bewegte Größen. Wenn er beschloss, Fahrzeuge im Stück Straße zu registrieren, blieb er am Fenster, solange der Verkehr sichtbar floss. Und wenn es noch so lange dauern mochte. Oder im milchglasigen Treppenhaus zwei Blöcke weiter wo die Menschen schemenhaft rauf und runter hasteten. Hatte sich Florian einmal für das Treppenhaus entschieden, verließ er seinen Posten erst, als da keine Bewegung mehr auszumachen war.

Mit den Jahren hatte Florian alles im Blickwinkel seiner Fensterreichweite geschätzt und gezählt. Dinge drinnen interessierten ihn nicht. Es fehlte ihnen Fremde und Weite. So übernahm Florian die Verantwortung zu beobachten, dass alles so blieb wie es war.

Geriet drüben im Milchglastreppenhaus etwas aus der Ordnung, wählte er die 110. Für dunklen Rauch, wo doch bloß weißer Rauch der Heizungen aufzusteigen hatte, bemühte er die 112. Auch Krankenwagen und Ordnungsamt hatte er numerisch im Griff. Da brauchte er nur noch Straße mit Nummer nachreichen, und alles nahm geregelten Verlauf. Und wenn dann ordnende Hände eingriffen, war Florian am Fenster präsent und lächelte breit. Er selber blieb anonym, als geheimer Lenker immer gegenwärtig. Florian war Beweger und Erhalter bloß mit ein paar Ziffern.

Da wurde auf einmal neue Dachpappe aufgelegt. Von der Krüppellinde hoch reckte sich eine vielgliedrige Aluleiter. Die glänzenden Sprossen klar im Zwanzigerbereich. Nach langer Zeit eine vernünftige, weil würdige Herausforderung für Florian. Jetzt galt es, die alten Qualitäten unter Beweis zu stellen. Zur inneren Beherrschtheit kochte er sich zunächst einen mildstimmenden Tee und zündete dabei eine Lässigkeit ausstrahlende Zigarre an. Dann stemmte er sich ins Fenster, brachte sich in Position, nahm Maß, indem er lokker die Leiter rauf und runter musterte, erfasste die Sprossen und konzentrierte endlich seinen Schätzblick – 25. Mit nassen Handflächen und einem Puls bis zum Kopf rauf zählte er nach. So gewissenhaft, dass die Augen schmerzten – 20. Genau 20. 20 auch beim allerletzten Zählen.

Erst hing Florian betäubt. Dann taumelte er zurück ins Zimmer. Seine fensterbanktauben Arme fanden nirgendwo Zugriff. Mit dem Kopf prallte er gegen die Sessellehne, und die Zigarre zerplatze auf dem Bettvorleger, dass Funken aufstoben.

Als das Zimmer in Flammen stand, kam Florian noch einmal hoch und wählte 112. Weiter kam er nicht, fiel ins Feuer zurück. Florian hatte es nur mit Zahlen.

Fischessen

‚Sollen wir uns die Fische vorher oder hinterher angucken', du mit deinen runden Augen und glattprallem Nixenleib, worauf ich schlagfertigte, dass danach es nichts zu gucken gäbe und weiterfeixte, ob blanke Gräten vielleicht noch schwimmen möchten, – wir also erst mal an den Tisch, Forelle blau, ich Fisch und Wein und dich verschlang, hinterher dann doch noch um den Teich, wo ich ins grüne Wasser schauend mein grässlich großes Maul gewahrte, dass ich vor Schreck dich grapschen wollte, ins Leere aber griff und nur noch sah, wie du mit blinden Augen und bleicher Riesengräte im See versankst.

Aktaion

Fein gesund wär's, so ein Gesundler, Dorfschamane, und da hat sich der Josef, der Lämmerjupp, halt mit dem Mist seiner Schafe eingeschmiert, dass er vom Kopf bis zur Sohle gestrichen feuchtroch, und er zum Trocknen raus in den Hof sich gegen den Birnbaum in die Sonne setzte, einschlief, worauf seine Hunde hurtig über ihm waren, und die schärfsten den Bedauernswerten bis auf den Tod zu reißen kamen.

Geschehnisse – kirschrot

Jetzt behutsam mit spinnigen Fingern unauffällig/nebenbei in die Außentasche des Jacketts takeln, als lauere dort eine gespannte Mausefalle – und ertastet auch schon das Mitbringsel, eine Pappnase, gemeine Knollennase. In derartigen Manipulationen hat der Konzertbesucher, Abonnent seit ungezählten Spielzeiten, Fertigkeit. Er weiß sogar mit Daumen, Ring- und Mittelfinger die störrischsten Bonbons aus ihrer Verklebtheit zu lösen, wobei der Kleine und der Zeiger sich wie Büroklammern über den Taschenrand nach außen einklinken, um dann das süße Objekt mit lässigem Schwung in den Mund zu bugsieren, wobei für eine Weile die gehöhlte Hand an den Lippen verbleibt und salopp geöffnet vorgibt, ein Hüsteln zu dämpfen. Er zelebriert das immer so, dass bei besonderen Geschehnissen die Umsitzenden es registrieren müssen, sich aber nie ganz sicher sind und in unangenehm/ärgerlicher Irritation verharren.
Besondere Geschehnisse sind Leseabende, Vorträge, allerlei Festakte und eben Konzerte und überhaupt andächtige Momente, zu denen Menschen sich verklumpen und stummergriffen Fremdeinwirkungen hingeben. Heute ist ein besonderes Geschehnis. Ein Konzert der Philharmonie zum Saisonauftakt mit Beethovens Dritter Sinfonie, der Eroica. Der erste Satz ist noch angetan, das Auditorium vom lästigen Novemberhusten zu befreien. Besonders artifiziell im Takt der markanten Sechserschläge. Gleich mit dem Beginn des zweiten Satzes wird es ernst, todernst. Wie immer, wenn Heroen zu Grabe getragen werden oder vom Krieg zerschlagene Krüppel zum Siege paradieren müssen.
Der Abonnent umfingert die Attrappe und fördert sie hervor – die knollige Pappnase, kirschrot. Bringt sie körpereng höher, hohlhandverdreht bis in Brusthöhe, hält ein, sichert mit den Augäpfeln – und drückt sie sich auf, wirft jetzt trotzig den Kopf zurück und lauscht mit versteinerter Miene den traurigen Takten. In solchen Unschuldsspielchen kennt sich der Abonnent aus. Seit der Schulzeit schon. Von seinem Bankvordermann, der bei nicht näher zu lokalisierendem Klassenradau den Kopf zu ihm drehte, ein kurzes, durchdrin-

gendes Röhren ausstieß, blitzschnell zurückfuhr und mit aufmerksamstem, lammfrommen Gesicht den Lehrer fixierte, der froh/erleichtert die Lärmquelle ausgemacht zu haben, sofort über ihm war, dem Ahnungslosen und ihn mit einem Eintrag oder einer Seite aus dem Lesebuch abstrafte.

Ein erster verstohlener Blick von seiner stämmigen Nachbarin, die ihm regelmäßig die gemeinsame Armlehne nimmt, ist sofort wieder weg, kommt neugierig wieder, wie die erschreckte Schnecke erneut ihre Stielaugen ausfährt, zuckt nochmals zurück, schaut dann schon forscher und beim vierten Anlauf entrüstet mit einem Schnauben und Aufwuchten des Fleisches, dass Unruhe aufkommt, sich fortpflanzt zum anderen Nachbar, einem Nadelstreifenmann, weiterschleicht zu den Übernächsten, die Vorderleute angreift, zurückkriecht in die hinteren Reihen, sich im ganzen Block ausbreitet, über die schmalen Flure hinüberleckt, zu den Emporen aufzüngelt, am Ende hochschlägt zum Orchester, die Musiker erfasst und den Dirigenten verschlingt. Die tragischen Töne verebben im Tumult und verstummen endlich wie unter Grabeserde verschüttet.

Mitten im Durcheinander bewahrt nur er, der Abonnent Gelassenheit. Hockt wie ein Fels, das Programmheft in artig gefalteten Händen. Die Pappnase hat er längst abgesetzt, hinter einem unschuldig weißen Taschentuch zwischen den Knien auf den Boden gelassen und mit gezieltem Schuhstupser einige Reihen nach vorne gekickt. Panikartig, als stehe das Konzerthaus in Flammen, streben die Besucher zu den Ausgängen. Der Abonnent versteht es, mit hurtigen Zickzackschrittchen leicht schiebend und aneckend im Knäuel aufzugehen und davonzuhasten. Unten im Foyer lehnt er sich entspannt an eine Säule und beobachtet das Spektakel. Die Menge schwappt die Treppen herab, plündert die Garderobe und durchstößt die Portale ins Freie. Da schiebt die fette Nachbarin vorüber, dort rudert der Nadelstreifenmann, weiter oben zusammengedrängte Musiker wie verschreckte Pinguine, die Instrumente besorgt an sich gedrückt, mittendrin ein in Schweiß und Frust gebadeter Dirigent. – Und alle tragen sie in erhitzten Gesichtern Pappnasen, dicke Knollennasen, kirschrot.

Der Abonnent steht plötzlich nackt. Mit verlorenem Kopf schwankt er den fliehenden Menschen hinterher. Draußen in der Dunkelheit ist er irgendwie auf die Fahrbahn geraten. Ein wegbrausendes Taxi hat ihn erfasst und auf den Teer geworfen. Er liegt auf dem Gesicht, wässriges Blut sickert aus dem aufgeplatzten Schädel – und seine Nase nur noch eine fleischknollige Masse, kirschrot.

Verlorenes Gesicht

Durch Muschelhände leitet Uli heute morgen besonders viel kühles Wasser über Stirn, Augen und Backen. Es war verdammt spät geworden gestern, weit über Mitternacht. Dann richtete er sich mühsam hoch, das Handtuch ins Gesicht gepresst. Bekommt endlich die Augen auf, als das Tuch tiefer gleitet und den Unterkiefer abklappt. Schlägt hastig das Frottee ins Gesicht zurück und reibt, bis Haut und Augen brennen. – Nichts, da ist kein Gesicht im Spiegel. Nur Hals und Haare. Augen, Mund, Nase, Ohren sind unsichtbar, wie ausgewischt oder ausgeschnitten. Wie man aus gewalztem Teig Herz- oder Mondformen aussticht und unförmige Stege bleiben. In der Mitte nur die blaugrünen Kacheln der gegenüberliegenden Wand. Uli faltet das Handtuch auf, als müsste jetzt sein Gesicht herausfallen oder wenigstens an den Noppen abgedruckt haften. Nichts. Noch einmal durchknetet er die Augen. Nichts. Es besteht kein Zweifel: Uli hat sein Gesicht verloren.

„Sieh doch nur, was für rote und verquollene Augen du hast. Musstest ja am Schluss den Kognak nur so reinkippen. Kannst mit den anderen sowieso nicht mithalten, und dem, wie heißt nochmal dein Chef, konntest du nicht flach genug hinten reinkriechen." Christina, seine junge Frau ist hinter ihn getreten und stößt mit spitzem Zeigefinger gegen die Spiegelscheibe, als wolle sie ihm die Augen ausstechen. Uli fährt zusammen und kriegt gerade noch ein ‚Ich-kann-aber-nichts-sehen' hinuntergewürgt. Lässt sich nichts anmerken und lenkt sofort und reichlich unbeholfen den Elektrorasierer kreuz und quer durch die Stoppeln. Vor dem aus dem Haus gehen noch ein letzter Blick in den Spiegel. – Nichts. Auch nichts im Spiegel neben der Garderobe, nichts im Türglas, nichts im Autorückspiegel. Auch kein Gesicht im stets penetrant polierten Messingschild am Eingang des Bürohochhauses. –
Außer einem ‚Wohl-ein-bisschen-spät-geworden-gestern' von seinem Schreibtischgegenüber und einem wohl-wissenden ‚Ich-mach-mal-nen-starken-Kaffee' von der Sekretärin, keine weitere befremdliche Reaktion. –

Nach Dienstschluss eilt Uli sofort nach Hause. Christina ist noch nicht da. Stürzt ins Bad, wo am Morgen alles begann und schaut in den Spiegel. – Nichts, nichts, als diese dämlichen blaugrünen Kacheln, wo sonst sein Gesicht gewesen ist. Er reißt Grimassen, streckt die Zunge raus, bleckt die Zähne, droht mit der Faust. – Nichts. Scheuert den Spiegel wie irr mit dem Handtuch, schlägt ihn mit den Handflächen und strafт mit wütenden Kopfstößen, bis sich Sprünge zeigen. – Nichts. Uli kann sein Gesicht nicht mehr sehen. Er fühlt sich hohl und geköpft.

Auf einer Wiese in der Nachbarschaft steht ein Esel. Uli überspringt einen Jägerzaun und stülpt sich über den grauen Rücken in den Narrensitz. Mit den Beinen umklammert er den Hals, beugt sich mit dem Kopf bis zur Kruppe, packt mit der einen Hand den Schwanz und hält mit der anderen eine brennende Papierrolle unter den Eselsbauch.

Mit stimmbrüchigem Gebell und verrückten Sprüngen geht es quer durch das Viertel, dann über Wiesen und Äcker, bis das bizarre Paar hinter Hügeln verschwindet. Und wurde nie mehr gesehen.

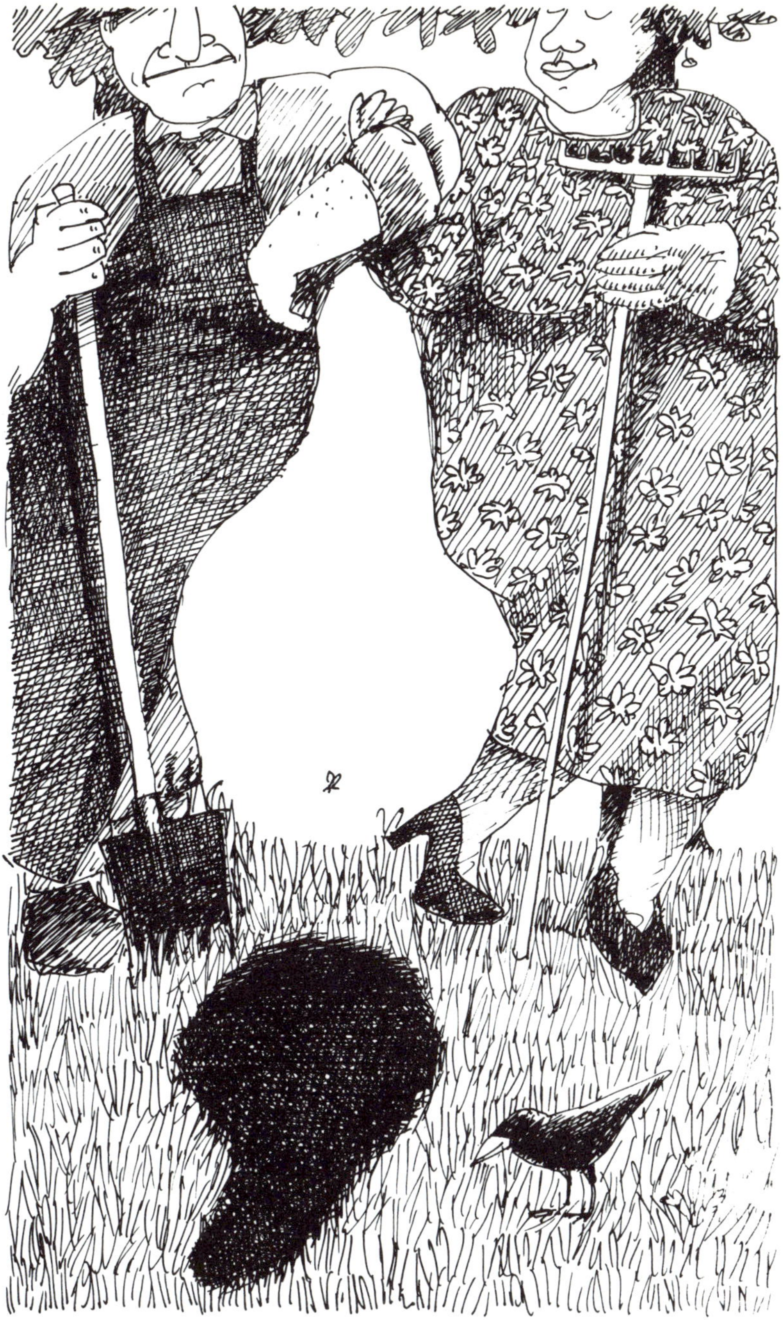

Baumschule

‚Reine Erziehungssache' – der Papa – und klemmte Bäpfelchen, es wollte gerade laufen lernen, in eine Astgabel, so zwäng, daß es unten, vorne und hinten strömrindig fühlte und mit der Zeit anwuchs, in der Bodengegend rund wie ein Apfel, oben wie eine Birne, gedieh, grünsommerhart wurde, dann reifweich, im Herbst, so wie die anderen aber nicht runter wollte, ‚purer Trotz, warte' – die Mama – Kunststück aber auch, Bäpfelchen war birnapflig passgewachsen, bis es zum Winter zu schrumpfen begann, abrindete, ausförmig wurde und dem Rahmen ins leere Gras purzelte, wie ein Fladen lag, von Winteramseln verscharrt höchstens, bis Bäpfelchen nach den Eisheiligen unter den Vertikutierer geriet, dabei Mamas Frühbeetchen zuspritzte und beim ersten Rasenschnitt dem Papa seinen grüngelben Sack ordentlich verklebte.

Bücherflut

Wie spitz das kam, ‚bemühen sie sich nicht, komme selber zurecht, lese alles' und war auch schon ins Büchermeer abgetaucht, ertrunken wohl, abgesoffen mindestens, denn als er endlich wieder auftauchte, sah er geschwemmt aus, nur mit einem einzigen Titelchen über Hydromanie, und als er dann noch (überflüssigerweise) rausschwappte, ‚man kann schließlich nicht alles lesen', floss dem Bibliothekar die halbe Brille vom Gesicht, dass er sich sagen musste, ob denn der Kerl überhaupt des Lesens mächtig war, rein technisch zunächst und von dem im illiteraten Hirn Zusammenkriegen ganz zu schweigen, – ohne auch nur zu ahnen, dass der Kunde die ganze Flut in sich eingesogen hatte, wie man bei großem Durst den Krug in einem leert.

Triebtäter

Pflanzen lassen sich gut beobachten, weil sie sich unter anderem wenig bewegen. So wie Melchior Hegner. Ein fetter, früh aus dem Dienst verwiesener Ministerialbeamter. Konnte nach jahrelanger sessiler Beobachtung seiner Arbeit endlich eine handfeste Psychose vorweisen. Aktenphobie. Hatte alle Ordner, die ihm in die Hände fielen, drei Wochen hintereinander zum Fenster seines Büros hinaus geworfen. Melchior Hegner war ein akribischer Beobachter. Besonders, wenn es sich um langsame Vorgänge handelte. Hatte sich zu einem passionierten Pflanzler entwickelt. Und nachdem man ihm gewaltsam den Schlafmohn aus Kästen und Kübeln seines Dachgartens genommen hatte, konzentrierte er seine Leidenschaft auf Kakteen – Cactoceae. Erkannte sich in ihnen wieder. Borstig, fleischig, sukkulent. Am Ende kultivierte er seine Beobachtungskraft zu einer Meisterschaft, dass er selbst die Langsamsten wachsen sehen konnte. Dabei hockte er sich vor sie hin, stemmte seine Massen gegen ein Tischchen, die Kiste Bier, verflüssigte Pflanzen alles, in Reichweite und beobachtete.
Bei der allmorgendlichen Kakteenvisitation entdeckte er eine Distel. Musste sich in e i n e r Nacht Platz geschaffen haben und überragte mit mehreren Seitentrieben eine zu Tod erschrockene und über die Maßen gekränkte Pereskia. ‚Luder', und zog mit fettgepolsterten Fingerkuppen die Fremde heraus. Gemeine Eselsdistel – onopordum acanthia – diagnostizierte er und pferchte sie in eine vom Abend noch halbvolle Bierflasche. Postierte sie auf das Tischchen, brachte eine neue Kiste in Stellung, pflanzte sich davor und beobachtete. Melchior war stolz, die Blindgängerin aus seinen 2000 Zöglingen herausgefunden zu haben. Sah sie doch mit ihren borstigen Köpfen einigen seiner Favoritinnen zum Verwechseln ähnlich.
Bei Melchior Hegner war alles anders. Was er tat, kam von innen getrieben, groß und total. Seine Ausdauer speiste sich aus beleibter Bequemlichkeit und einer tief gelagerten Anteilnahme. Intrinsische Motivation wusste er für diese Kunst anzugeben. Sowieso hatte Melchior für fast alle Vorgänge und Zustände von Belang Lateini-

sches parat. Stand dem Beamten admirabel zu Gesicht und hinterließ neben seinen Aktenwürfen den nachhaltigsten Eindruck im verflossenen Amt.
Nach der fünften Flasche tat sich noch nichts. Nur ein Spinnchen kackte Fäden von einer Kapsel zur anderen. Nach der achten war ein Ohrwurm auf die Tischplatte gefallen, den er sofort mit einem ‚Sauwurm' und gezieltem Flachhandschlag von seinem unnützen Dasein erlöste. Musste hervorgekrabbelt sein, als er pinkeln war. In einem der kritischsten Momente also, in denen er notgedrungen seine Objekte aus den Augen lassen musste. Nach der zwölften Flasche torkelte eine ‚Scheißmotte' ein. Brachte sie mit einem explosiven Bierpuster rasch zum Absturz.
Am Nachmittag brannten ihm die Augen, dass er die Sitzung für heute beenden wollte. – Da öffnete die Distel ihre Köpfe. Und gebar Weißes. Schirmchen, Samen, wie bei der Pusteblume. Sie quollen hervor, lösten sich aus den Kelchen und blähten schaumig auf.
Melchior überkam Unruhe, trieb Schweiß aus, nässte den trockenen Schlund mit e i n e r Flasche auf einmal und schärfte seinen stumpf gewordenen Blick mit einer Karaffe Himbeergeist. Und immer mehr weißer Flaum sprudelte aus den stacheligen Bechern, floss die Flaschenwand herab wie überkochende Milch. Die wattige Flut kroch bereits über den Tisch und verschaffte sich Bahn durch Gläser und Flaschen, griff zum Kopf des Botanikers, verklebte sich und nahm Besitz.
Der lag längst mit dem Gesicht auf die Tischplatte geknallt. Atmete schwer wie ein Fisch auf hartem Land zwischen Scherben, Blut und Kotze.
Melchior musste bis in den nächsten Tag gelegen haben, bis er endlich den Schädel hob. Durch verklebte Sehschlitze konnte er vor sich ein Gewächs ausmachen, das mit geöffneten Köpfen wie kleine Sönnchen auf ihn einstrahlte. – Im gegenüberstehenden Fensterglas erkannte er einen unförmig wattierten Kopf. Monströs gequollen mit buschigen und aufgefederten Ohren. Das meiste hatte sich am schmierigen Mund zu einem gezogenen Maul verklebt.
Mit einem Ruck stemmte sich Melchior hoch, dass das Tischchen brach und die Flaschen wie Kegeln purzelten. Mit einem Tritt knall-

te er die vermaledeite Eselsdistel gegen einen Kübel, dass die strohigen Sönnchen zerplatzten. Dann stürzte er die Treppen runter, wuchtete über den Hof, durch Büsche und Gärten, überlief einen Spielplatz, wo ihm Sandkastenkinder nachriefen, dass er etwas zurückgeben musste, das sich wie das heisere, kehlige Bellen eines Esels anhörte und irgendwo verebbte und Melchior nicht wiederkam, so dass die Dachwohnung neu vermietet werden konnte.

Tötungsmaßnahmen

Ich marterte meinen Kopf und fand zweierlei heraus: Denn willst du das Ende deines Widersachers, so sperre einen schwarzen Hund ein und gebe ihm bei abnehmendem Mond auf Brot von der Nachgeburt einer Frau oder (wenigstens) von der Nabelschnur zu fressen, sammle dann den Kot des Hundes, verbrenne ihn mit neunerlei Holzarten, mische die Asche mit Leichenwasser und Kindspech, praktiziere sie in eine abgesägte Schienbeinröhre einer Jungfrau und gebe daraus endlich das Gemenge in das Mahl des Menschen, dem du den Tod wünschst; – und hätte mir nicht träumen lassen, dass alles so simpel zu bewerkstelligen wäre

Kopfmittel

Mit einer abgebissenen Maulwurfpfote da kratzen, wo es immer dunkel ist, mag ein probates Mittel sein, doch nicht gegen Kopfschmerz, denn hier hilft, äußerlich praktiziert, Mist von einer toten Kuh auf die Stirn gestrichen, innerlich aber ein Löfflein Dreck vom Geier, der Menschenfleisch gefressen, gemischt mit weißem Kot eines schwarzen Hundes, weil er sieben Tage nur Knochen zu kauen hatte, oder aber träufele wenigstens Pisse von grünen Eidechsen in deine Ohren, die du vorher durch einen roten Pferdekopf hast laufen lassen.

Herr Ruediger

„Name?"
„Ruediger", keuchte der Besucher, der sich ein wenig verspätet glaubte. Dachte auch nicht, dass Herbertstraße 17 so weit am Ende zu finden war.
„Den Nachnamen zuerst."
„Ruediger, sagte ich schon. Mit ue."
„Ach so, Vorname?"
„Heinzhanns Rüdiger. Mit normalem ü jetzt. Das mit den Pünktchen, wissen Sie..."
„Also bitte, und wenn schon, mit Strichelchen, zwei senkrechten Strichelchen, ganz korrekt. In kleinen Dingen, da bin ich immer sehr genau. Kleinlich sogar. Könnte es sonst nicht aushalten."
Kleinlich und überkorrekt kam Herr Ruediger der Raum vor. Gar nicht wie ein Beratungsbüro. Wie eine Hausmeisterloge eher. Alles ein wenig eng, überladen auch, aber geordnet. Ein Tischchen am Fensterchen mit dem Mann davor im blauen Kittel wie sie Klempner tragen. Bei Psychologen weiß man nie, ist man nie ganz sicher, schoss es ihm durch den Kopf. Kaffeenische, selbstverständlich, und ein offener Hängeschrank mit vielen akkuraten Schlüsselreihen.
„Und hanns ohne waagerechtem Strichelchen hinter dem Heinz mit nn."
„Wieso?"
„Das kommt von Johannes, heißt genau Heinzjohannes, müssen Sie wissen."
„Weiß schon. Also: Heinzhanns Rüdiger Ruediger mit nn und ganz hinten mit ue."
„Nicht ganz hinten, wenn Sie es genau..."
„Entschuldigen Sie, aber nehmen Sie alles soo genau?"
„So genau wie Sie, wenn ich alles richtig mitbekomme. Hübsch irgendwie. Alles an seinem Platz. Könnte es auch aushalten hier."
„Was liegt uns vor?"
„Wieso uns? Na klar, uns. Möchte meinen Sohn anmelden."
„Name?"

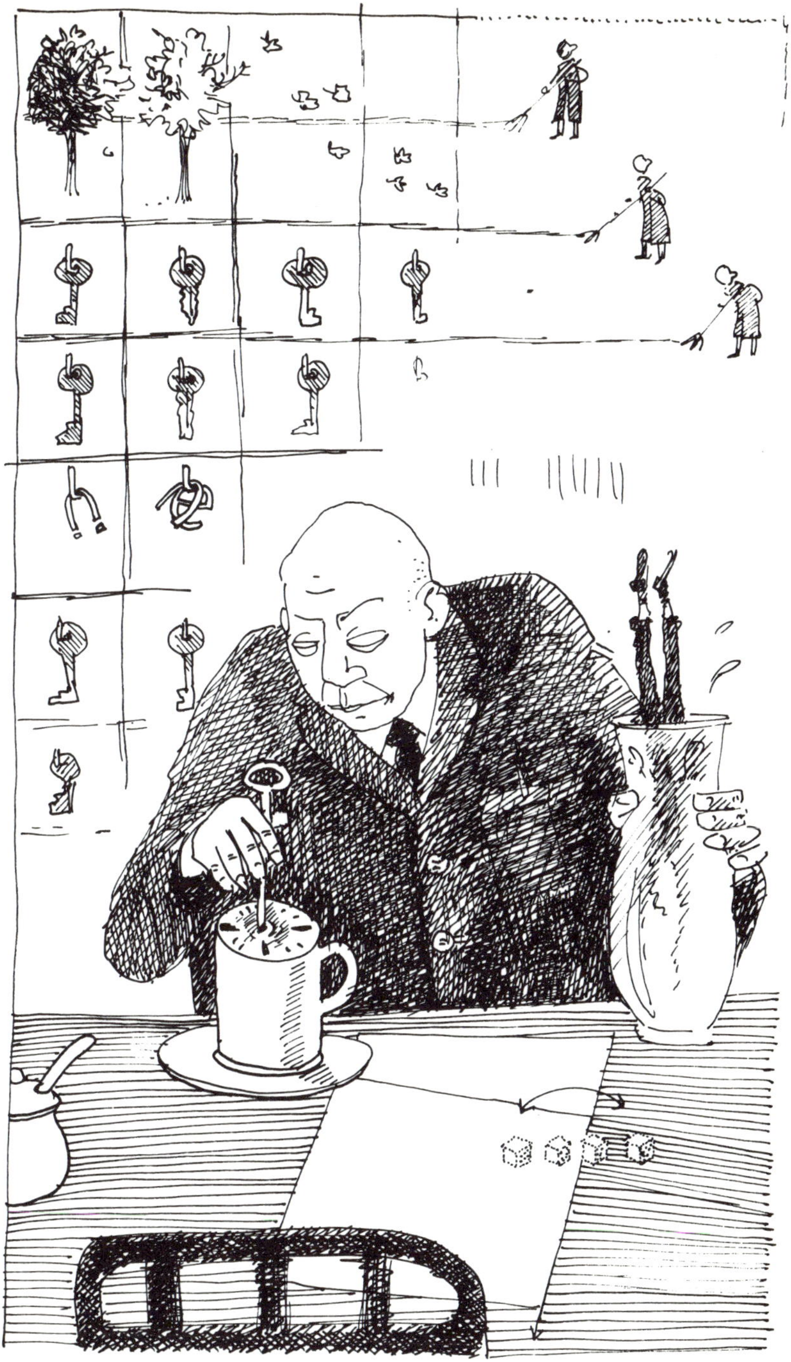

„Ruediger."
„Vorname, wollen Sie mich..."
„Hans."
„Hanns dann ja wohl auch mit nn, wenn man's genau nimmt."
„Nein, mein Herr, diesmal mit einem n, genau genommen. Kommt nämlich von Hans, schlicht und einfach Hans."
„Entschuldigen Sie, hab gerade Wasser am Kochen. Für die kleine Kaffeepause um neun. Da reicht der Topf auf der Schnellplatte. Für die großen Kaffeepausen nehme ich die Maschine dort. Bei sieben Pausen am Tag muss man genau aufpassen. Vier mit dem Topf und drei mit der Maschine. Jetzt ist kleine Topfkaffeepause. Da darf man nichts verwechseln. Und fällt mir ein: Wer keine Pause machen kann, kann auch nicht arbeiten. Witzig gell, ist von mir."
Der Berater grinste so breit, dass man einen Doppelbrief in seinen geschwollenen Kopf hätte schieben können, mühte sich hoch zur Kaffee-Ecke und goss dampfendes Wasser in die Tasse.
„Wo fehlt's ihm denn?"
„Fehlt? – Ach ja, unser Hans ist Akalkuliker."
„Für Alkoholiker ist hier nicht die richtige Stelle. Das ist zwei Blökke weiter quer durch den Park."
„A k a l k u l i k e r , Sie, das sind welche, die Zahlen verwechseln. Wie es andere gibt, die Buchstaben verwechseln. Die nennt man Legastheniker. Unser Hans aber..."
„Ja, ja, ist in Ordnung. Kenne mich aus. Verwechseln ist meine Spezialität. Damit hat's bei mir auch angefangen. Korne statt Krone. Komisch, was. Korne statt Krone. Immer Korne, Korne, Korne. Zum Verrücktwerden."
Wieder stemmte sich der plumpe Mann zur Kaffeenische und kippte drei gehäufte Löffel Pulverkaffee in die Untertasse. Herr Ruediger schob nervös die Hemdmanschette von der Uhr. Fast viertel vor zehn. Um elf hatte er einen wichtigen Termin.
„Also was ist nun mit dem Rüdiger mit ü oder ue?"
„Sagen Sie einfach Hans. Hans ist schon neun, geht in die Grundschule und muss bald auf das Gymnasium. Nur, mit der Rechenschwäche kriegt er Probleme. Buchstabenverwechseln ist nicht so tragisch. Dafür gibt es einen Schein."

„Schein. Ich hab auch einen Schein. Aber Buchstabenverwechseln hab ich hinter mir. Bin ich geheilt von. Mit Buchstaben..."
„Nicht Buchstaben, Sie, Zahlen. Hans verdreht die Zahlen. Statt 47, 74 oder 132, 123. Sollte man nicht auf die leichte Schulter nehmen. Kann zum Verhängnis werden. Muss unbedingt zur Therapie der Junge."
Bei Therapie sackte der Logenmann hörbar zusammen, um umso beschwerlicher die Kaffeeprozedur mit einem kräftigen Guss Milch in die Kaffeedose fortzusetzen. Herr Ruediger blickte darüber hinweg durch das Fensterchen in den Park. Riesige Bäume gelb und licht jetzt Ende Oktober. Eine Kolonne Männer in blauen Kitteln kratzte Blätter zusammen.
„Arme Teufel, die da draußen, bei Wind und Wetter hinter den verdammten Blättern her. Da hab ich's besser. Trocken und warm und sieben Kaffeepausen. Vier kleine und drei große. Die kleinen mit..."
„Ja, ja, weiß schon, die kleinen mit dem Topf, drei große mit der Maschine. Aber die Schlüssel, die vielen Schlüssel?"
„Hübsch, gell, ich bin der Direktor, müssen Sie wissen. Und ein Direktor hat immer Schlüssel. Viele Schlüssel. Ist alles so versperrt, irgendwie, finden Sie nicht auch. Und jedes Jahr kommt einer hinzu. Schenken mir die Kollegen zum Geburtstag. – Ah, der Kaffee, nur noch Zucker. Sie wissen ja, heiß wie die Hölle, süß wie die Liebe."
Der Insasse praktizierte nicht ohne Mühe vier Löffel Zucker in die Milchflasche, nahm mit teigigen Fingern einen Schlüssel aus dem Kasten und rührte damit bedächtig in der Zuckerdose. Herr Ruediger war nun ruhiger geworden. Der Termin war fast verstrichen. Er gab sich keine Mühe mehr.
„Rühren, mein Lieber, rühren, das ist die Kunst. Beim Kaffee nehme ich das alles sehr genau. Da muss alles stimmen. Symposie nennt man das. Wenn Sie wissen, was ich meine."
Herr Ruediger saß mit offenem Mund und leerem Blick und wusste. Nur am Rande nahm er wahr, wie der Irre genüsslich gelbe Brühe aus einer gläsernen Vase schlürfte. Den Rest schob er ihm mit gönnerhaftem Strahlen hin. Es schmeckte bitterfaulig. Dann stand Herr Ruediger auf. Draußen schritt er quer durch den Park, sprach mit

dem Wind, umarmte die Bäume und grüßte artig die Blätterkolonne, die ihm mit dem Kopf, wie an einer Schnur gezogen, den Weg wies. Herr Ruediger hatte sich beraten lassen, einen wichtigen Termin verpasst und war in der Herbertstraße 71 gelandet, aus der er nicht mehr herausfand.

Sakkas' Tod

Sakkas – hab' ich im Ohr, du, was mit Sack ... bitte?, Philosoph?, Blödsinn, hätte ihm gepasst, dem, dem ... Sackträger, genau, wusste es doch, was im Ohr ist, steckt auch im Kopf (witzig, gell), Wirrarsch, Student, nehm' ich mal an, kommt daher und will disputieren, Frauen seien eigentlich gar keine Menschen, worauf uns Töchtern aber die Haube wegfliegt, und die Schärfsten ihn mit Stöcken, Holzleisten, na ja, Stuhlstücken (standen genug auf dem Domplatz rum), totschmeißen, dass ich dich frage, gibt es einen trefflicheren Beweis gegen, ... Philosoph, lass mann, Sackträger, gemeiner Sackträger, Student, sicher, ... ich denke, geht in Ordnung so, oder.

Die Kognak-Reise

Bürogehilfe Kleinknecht hängt heute abend nicht schlaff im Sessel. Mit Pantoffeln vor der Glotze. Er hockt am Tisch, auf hartem Stuhl, mit durchgedrücktem Kreuz. Und er hat noch die Straßenschuhe an. „Mensch Kleinknecht, Kopf hoch, immer nach vorn. Und wenn es sein muss, durch die Wand. Mit einem Ziel vor Augen kommst du durch", hat ihm heute einer im Büro Mut aufgeredet.

Aber weil Kleinknecht nicht so recht weiß, wo ‚nach vorn' ist und wohin ‚durch' sein soll, und sich sofort auch kein Ziel ausmachen will, zwingt er erst mal ruhig und unbeholfen eine Flasche Kognak auf. Vor Jahren schon ein Geschenk vom Amt. Für 25 Jahre. Er hat die Flasche für einen besonderen Anlass fein verwahrt. Und der ist heute. Mit besonderen Anlässen muss man sparsam umgehen, wie mit Kognak, Kognak hält sich lange – wenn ihn keiner trinkt. Ein anständiger Schluck, und er würde aufstehen und losmarschieren. Nach vorn – alles hinter sich lassen: Stuhl, Tisch, Raum, Haus, Stadt. Und dann immer geradeaus. Für's erste würde er kleine Umwege in Kauf nehmen müssen. Doch in Umwegen kennt sich Kleinknecht aus. Schon seit über 25 Jahren. Dafür hat er endlich die Flasche bekommen. – Und nach dem nächsten Glas Kognak würde er sich Großknecht nennen. Mit Bürovorsteher auf einer Visitenkarte aus gutem Karton.

Noch ein Glas und er würde die Herren Inspektoren und Amtsräte aus ihren Büros jagen. Aus allen Büros der Städte zusammentreiben. Zu einer riesigen Herde Hämmel. Müssten vor ihm auf die Knie runter, mit der engen Stirn bis auf den Boden wie es Moslems tun beim Beten nach Mekka.

Und nach der halben Flasche würde er das ‚Knecht' ganz aus seinem Namen streichen. Kleinherr wäre das mindeste. Auf seinen Triumphzügen durch die Länder müssten ihm die Räte vorangehen, immer zu Diensten sein. Und die Direktoren würde er an Kälberstricken hinter sich herziehen. Er selber würde auf dem gekrümmten Buckel eines fetten Personalchefs reiten, ihn mit Zügeln durch einen Nasenring dirigieren und mit den Hacken seine Weichen schla-

gen. Auf dem Weg nach vorn gäbe es für ihn keine Hindernisse mehr. Nach einem weiteren Glas Kognak würde er die Flüsse und die Seen auf einem Floß aus zusammengebundenen Ministerialräten überqueren. Wie würde er auf ihren aufgetriebenen Bäuchen hüpfen. Gräben würde er mit Dirigenten auffüllen und ebenerdig über butterweiche Rückensäulen schreiten. Und wenn man ihn fragen sollte, wohin?, dann würde er den Kopf zurückwerfen und verkünden: „Immer geradeaus, immer nach vorn"
Nach dem letzten Glas müssten sie alle ‚Großherr' zu ihm sagen. Nein, mit ‚Herr Großherr' ließ er sich titulieren. Wenn überhaupt. Alle Hindernisse wären wie weggepustet. Meere und Berge würde er mit Ballons überfahren. Unter Ballons aus aufgeblasenen Staatssekretären. Die Gondel ein weicher, warmer Ministerbauch. Sein Landeplatz wäre in einem Schädelfeld aus lauter polierten Glatzen. Von Präsidenten, bis zum Halse eingegraben wie Kohlköpfe. Eine Lust beim Aufsetzen die Hohlköpfe zu treten, dass sie wie Bongos dröhnen. – Und dann würde er – dann würde er – würde er – würde ...

Am Morgen liegt sein Kopf auf der Tischplatte. Zwischen den tauben Armen rollt die leere Kognakflasche. Die Fenster glotzen unfreundlich hell. Straßenlärm klettert herauf. Und Vogelgeplärr peinigt die Schläfen.
Gehilfe Kleinknecht erscheint heute unpünktlich zur Arbeit. Zum erstenmal seit 30 Jahren zur Unzeit im Büro. Fetzen, die nach Krise, Engpass und Konsequenzen scheppern, kriechen aus dem Chefzimmer, blähen die Korridore und züngeln in die großohrigen Amtsstuben.

Nach der Mittagspause hat den Kleinknecht niemand mehr gesehen. Nur der Pförtner weiß zu berichten, dass ein Mann aus dem Gebäude geeilt sei. Mitten über den Rasen, durch die Blumenbeete, über das Eisengitter, direkt über die Straße und über die Eisenbahnschienen – immer geradeaus.
Und gegen Feierabend schwebt ein Fesselballon über der brodelnden Stadt. Dickbäuchig, lautlos, friedlich. Bis die bunte Seifenblase mit der Sonne im Westen verschwindet.

Vom Paradies

Ist aber auch kolossal, die Hitze erst im Auto, dann unser Stau (‚dat Packen schon', Sieglinde). Und dann (‚dat nennen die Hotel', Herbert), endlich Meer (‚igitt, wat für 'ne Brühe', Käthe), weiter zurück (‚nix richtig grün, alles voll von Steine, unheimlich kaputt die meisten, irgendwie', Heini), das Essen (‚Fraß, dat Gesöff erst, so wat will Bier sein', Otto), und dann am Strand die Massen (‚wie die Ölsardinen, haben die kein Daheim', Herta) – da ist man richtig froh, wenn am Abend die deutsche Kolonie zusammenrückt, wo der alte Will dann immer von Muttern in Recklinghausen erzählt, vom Aufderschattigenterrassia, allein, die Füße hochgepackt, vom Waschbetonfontänchenplättschernhören daneben und dem Rasensattgrünwiegekämmt, mit Kanten aus gespecktem Stein, vom Mitwasrichtigemzwischendenzähnen und Unionimkühlschrank – bis es Gudrun meist zuerst kommt und ihren Hermann stupst, der längst feucht in den Augen ist, und es dann aus allen bricht, ein Wehlaut durch die Kolonie sich zieht, bis man sich bei echtdeutschen Liedern wieder einkriegt, um dann in die Diskotheken wegzutauchen, wo man seinen Schmerz bis zum nächsten Tag lecker zu betäuben weiß.

Sauerkauz

Gordian Gockel, Behörde, so eine Art Regierung, (Herr hätte da nur gestört, der Name allein, dieser alliterative Schick), nein, Gordian Gockel wäre es nie gekommen, nie eingefallen, so wie dem Platzhahn, der, nachdem die Mittreter vom Hof gehackt waren, (Gordian hatte da seine eigene Ordnung), sich auf's Hühnerhaus machte, siegkrähte mit geworfenem Kopf, dabei den Türmer hoch über sich feststellte, dass der Platzer hinaufforderte, er solle mit ihm kämpfen (Gordian Gockel forderte subtiler zum Tanz), was den oben natürlich still-eisern ließ, bis der Mistherr angab, halt raufzukommen, abwuchtete, eine viel zu enge Runde flatterte, durchsackte (hier wusste Gordian Gockel gefälliger zu lavieren), und auf den warmen Haufen klatschte, sich aufmühte, entschüttelte, leidlich kräftig, schamig auch (Gordian Gockel tat sich sicherer purgieren), wobei der Schwellkamm, Sauerkauz jetzt, sich erstmals fragte, ob seine Dickärsche ihm überhaupt noch treu sein wollten, konnten, sollten gar, wo doch Gordian Gockel in solchen Zuständen immer nur ein Müssen diktierte, das, wenn auch falsch gesetzt, stets enorme Wirkung zeigte und lang genug vorhielt.

Die Pflasterinnen

Der flotte Chris war mit dem Auto von der Straße geraten und hatte das Glas der Frontscheibe in die Brust abbekommen. Nach notärztlicher Betreuung verbrachte man ihn auf die Intensivstation. Alles, was er brauchte, floss ihm zu durch Röhren und Schläuche. Ein Monitor überwachte das Herz. So lag Chris ans Bett geknüpft mit reichlich verpflasterter Brust.
Früh um sieben lösten Pflegerinnen die Nachtbereitschaft ab. Surrten wie Schnaken von Opfer zu Opfer und sogen Unmengen Blut. Sie bemerkten es zuerst. Jeden Morgen lag Chris mit blanker Brust, Sie wussten, dass es unduldsame Patienten gibt. Reißen sich Kanülen, Schläuche, Pflaster weg. Andrea und Anja sorgten sich nicht. Verklebten ihren Patienten jedes mal neu. Den Ärzten hatten sie hierüber nicht berichtet. Hätte sie auch nicht interessiert. Pflastern ist Pflegedienst.
Nun ist Pflaster nicht gleich Pflaster. Es gilt zu unterscheiden und zu wählen zwischen fleischfarbenem Leukoplast, weißem Leukosilk, Braunüber- oder Papierpflaster. Und da ist das außergewöhnliche Smith+Nephew-klar. Der weiche Hauch. Glasrein und gefühlsaktiv, als gleiten die Fingerkuppen über nackte Haut.
Schwester Andrea, die Dunkle, liebte ihren Beruf und mochte Chris mit seinem muskulösen, glatten Oberkörper. So auch Schwester Anja, die Hellhäutige. Jede beeilte sich, am Morgen Chris die fehlenden Pflaster neu aufzutun. Die ganze Schicht über schwirrten sie um sein Bett, um die feinen Folien zu kontrollieren, und wenn es Not tat – was so gut wie immer der Fall war – sie richtig zu rücken und frisch zu glätten. Besonders morgens nach dem Blutzapfen waren sie eifrig, die verschwundenen Pflaster neu aufzustreicheln. Mit größter Sorgfalt und Hingabe, ja Leidenschaft. Tag für Tag.
Dann lag Chris unvermittelt tot. War in der Nacht weggestorben. Nicht einmal die Schwestern hatten es mitbekommen. Und weil niemand etwas erklären konnte, machte man ihn auf. – Da waren seine Organe, am engsten das Herz von Plastik umhüllt und eingeschlossen. Die dünnen Pflaster waren unter die Haut gedrungen, wie ein-

massiert. Sind zu den Organen gewandert und hatten sie bis zum Ersticken eingepackt. – So wie Christo Bäume, Brücken, Häuser verpackt, oder Mutter Gulasch, Leber oder anderes rotes Gefleisch im Plastikbeutel vom Metzger nach Hause trägt.

Rekordflug

In England war's – wo sonst –, an den Flügelspitzen – wie sonst –, zum Begaffen genagelt, eine Drossel, Wanderdrossel – was sonst –, turdus migratorius, (sage ich doch, da kenn' ich mich aus), nach einem Atlantikflug von Kanada gen England, (weiß nicht warum, Fernweh vielleicht), nonstop, ohne sitdown, von Kanada bis England, ja doch, eine hundsgemeine Drossel (mir unbekannt, warum Hund und gemein), quälte sich mit hundemüden Schlägen (schon wieder hund), auf festes Land, strebte einer Vogelwarte zu (ein Glücksfall für die Tapfere, wie ich trotzdem meine), um mit allerletzten Schwüngen gegen die sorgsam verschlossene Glastür der in die Warte integrierten Vogelklinik zu klatschen, wobei sie ihrem – zugegeben übertriebenen – lebhaften Anpochen sofort erlag und man die Ärmste ohne großes Federlesen demonstrabel herrichtete, bevor man sie erst an eine Pinnwand aufzubahren wusste, um die Rekordfliegerin dann anstandslos ins Guinnessbuch überführen zu lassen.

Der Ab-Tritt

Nachdem er gestorben, das Grab geschaufelt, der Leichenzug formiert, und der Sarg versenkt war, setzte sich der Tote an den Grubenrand und musterte die schwarzen Trauergestalten. Auch die Grabnachbarn waren neugierig, gesellten sich zum Neuen und gaben Ratschläge. Gute Ratschläge, gereift durch langes Liegen.
Da war ein Oberlehrer, seit über 30 Jahren unter einer Basaltplatte zuhause. Belehrte den Neuankömmling, dass er eine letzte Tat frei hätte. Solange er wenigstens noch nicht verschüttet läge. Es müsste allerdings eine gute Tat sein. Die wenigsten Frischen wüssten das. Und noch weniger machten Gebrauch davon.
Dann kam es zu Grabreden. Auch zu der des Amtsleiters. Da lebte es im Verstorbenen noch einmal auf und keimte hoch. Postierte sich hinter den Redseligen und gab ihm einen Tritt in den Hintern. Gerade als er sich vornüberbeugte, um den Arbeitgeber auf der Kranzschleife hervorzukehren. Dabei geriet er ganz tief runter und konnte nur mit Mühe das Gleichgewicht halten. Die Fingerspitzen in den feuchten Lehm gestemmt.
Die Beileidigen waren ergriffen und sprachen noch lange von der tiefen Gramgebeugtheit eines sicherlich herzensguten Chefs.

3. Dreiwunsch

... so lebt sie (leider) heute noch –
als Rosenkohl.

Liebeszauber

Es wird dir ein leichtes sein, fängst du an einem Neumondsonntag eine geschlechtsreife Fledermaus und kochst sie im Menstruationsblut deiner Angebeteten zusammen mit einem blinden Kätzchen und einem von außen blutigen Ei einer schwarzen Henne, dann nimmst du die Mausknöchlein und streichelst damit eine Stute, und bei welchem Bein sie dann aufwiehert und brunzelt, verbrennst du es zu Asche und vermischst sie mit dem zu Seim verkochten Wasserlasser einer geschächteten und noch zuckenden Sau und gibst endlich alles der Frau deiner Leidenschaft zum Trank, doch nicht bevor es dir geglückt ist, mit feinem Strahl durch ihr goldenes Kleinfingerringlein zu pissen – es dir trotzdem nicht gelingt, ihre Zuneigung zu wecken, achte darauf, ob sie sich mit Mäusedreck eingerieben hat oder eine im Harn ersäufte Eidechse unter der linken Achsel trägt – du magst aber auch ganz einfach von deinem Kot in ihre Schuhe tun, und sie wird sich erweichen.

Geigenunterricht – germanisch

In rauschenden, stürzenden Wasserfällen haust er am liebsten, der Fossegrim und kann durch seine Musik Menschen anlocken, sie auch das Saitenspiel lehren, wenn sie ihm donnerstags abends einen weißen Bock mit abgewandtem Blick hinwerfen in den gegen Norden strömenden Wasserfall, der Nök aber, ist es nur ein mageres Böcklein, den Lernling nur bis zum Stimmen der Fidel bringt, der Bock aber stramm und fett ist, Strömkarl dem Lernenden forsch über die rechte Hand greift und sie solange hin und her führt, bis ihm Blut aus allen Fingerspitzen springt, der Geiger dann aber in seiner Kunst so vollendet ist, dass auf sein Spiel Bäume tanzen, Steine kreisen und die Wasser in ihrem Fall vor Zauber starr still stehen und lauschen.

Von der Prinzessin, die (fast) keiner haben wollte

Es lebte ein König. Der hatte eine Königin. Und die hatten ein Mädchen. Und das war natürlich eine Prinzessin.

Als König und Königin alt wurden, dass ihre schwachen Köpfe die schweren goldenen Kronen nicht mehr tragen mochten, musste die Prinzessin heiraten. Es sollte nämlich alles hübsch beisammen in der Familie bleiben.

Nun kam es aber, dass niemand die Prinzessin haben wollte. Kein Prinz, kein Rittersmann, kein Soldat, keiner vom Handwerk, noch nicht einmal ein Beamter. Niemand von den reichen Kaufleuten. Kein Dummling, kein Schweinehirt – und die Domherren durften nicht.

Die Prinzen gründeten einen Junggesellenverein, die Kaufleute verschenkten alles den Armen, und auf den Turnierplätzen ließen sich die Ritter lieber gleich reihenweise aus den Sätteln stoßen. Die Klugen des Landes gaben dumme Antworten, und die Dummlinge lasen in der Grammatik.

Eines Tages war es endlich so weit. Die Prinzessin nahm zu an Gewicht und Umfang. Und bekam ein Prinzlein. Die Eltern konnten sich nun in aller Ruhe zum Sterben niederlegen. Und das taten sie auch.

Danach wurde der Beichtvater der Prinzessin verbrannt. Er hätte den Teufel im Leib gehabt, hieß es aus dem bischöflichen Palais. Und damit war das Thema Vaterschaft erledigt. Das Volk schrie hurra und ließ das junge königliche Glück hochleben, als das rußige Gerippe des sündigen Ketzers im Feuer zusammenfiel.

Der Bischof versprach eine Wallfahrt seiner Schäfchen zur himmlischen Jungfrau von der unbefleckten Empfängnis. Und die so lange verschmähte Prinzessin spendete eine dicke Kerze für die Schlosskapelle.

So reden die Geschichtsbücher von Königen, Schlössern und Schlachten. Von Bischöfen, Klöstern und Ketzern. – Doch nirgendwo ist nachzulesen, warum keiner – fast keiner, die Prinzessin haben wollte.

Schönes Märchen

Es lebte einmal eine Prinzessin, die so schön und süß war wie die Königin der Blumen, und wurde nur Rosenschön genannt, und als sie alt genug war, wartete mann natürlich auf einen Prinzen; allein es mochte kein Prinz kommen, der Rosenschön zur Königin machen wollte, und wenn sie nicht gestorben ist, so lebt sie (leider) heute noch – als Rosenkohl.

Wolf mit drei f

‚Name?'
‚Wolfff, mit drei f.'
‚W o l f f – mit zwei f'.
‚Nein, ich sagte mit drei f.'
Zum erstenmal hob Herr Hauptsekretär Kleinmann den Kopf, atmete vernehmlich einen Hauch von Verständnis, Autorität und Mitleid und bestimmte mit Ha-ha-selten-so-gelacht-Augen:
‚Also, Wolff mit zwei f. Vorname? Geburtsdatum?'
‚Aber nein, ich sagte doch schon, Wolfff, mit drei f.'
‚Und ich bin dann die sieben Geißlein', konterte der Beamte mit einem Anflug von Triumph über seinen märchenhaften und von amtswegen überhaupt nicht üblichen Humor.
‚Und wenn Sie meinen, ich hätte Lust...'
Herr Kleinmann konnte seinen Satz nicht mehr zu Ende bringen. Mit einem Sprung war der Besucher über dem Schreibtisch, packte den Beamten und biss ihm ins Genick.
Kleinmann war sofort tot.

Ums nackte Leben

Ein Trompeter – unter jagende Löwinnen geraten, die ihn sofort in Stücke reißen wollten –, griff zu seinem Instrument und spielte so artig los, dass die Raubtiere von ihm abließen, sich setzten und gebannt den Tönen lauschten, doch wenn der Musiker mit dem Spielen aufhören wollte, um zu verschnaufen, sofort hochsprangen, um ihn zu packen, was aber nicht glücken mochte, weil der Künstler von großer Ausdauer war, bis ihm die Hosen zu rutschen begannen, und immer, wenn er nach ihnen langte, und zu spielen aufhörte, fauchten die Bestien, dass der Virtuose drohte vom Bauch nach unten nackt vor den Löwenfrauen zu stehen, – die am Ende doch im Schatten satt dösen durften, weil: Der Trompeter hatte die Tugend gewählt.

Vom sicheren Job

Es gab da mal einen Mann namens Balsam. An und für sich ging Herr Balsam keiner aufreibenden Arbeit nach. Ein wenig anrüchig vielleicht. Aber Gewöhnung ist alles. Fast alles. Herr Balsam hatte über 20 Jahre Zeit, sich daran zu gewöhnen. Seit genau 24 Jahren verdiente er nämlich sein Auskommen als Toilettenpapier-Perforationsprüfer. Immer korrekt, zuverlässig und mit dem nötigen Fingerspitzengefühl. Keine aufreibende Arbeit, wie gesagt, nur ein wenig anrüchig, vielleicht. Dafür aber krisenfest wie Friedhofsgärtner. Bei Balsams Tätigkeit ging es um nichts Geringeres, als um die einhändige Kunst, das gewünschte Blatt, im gewünschten Moment, an der gewünschten Stelle von der Rolle loszureißen. Dabei war der rechte Augenblick von bedürfnisstrategischer Bedeutung. Gab das Blatt zu früh nach, hing die Rolle blockiert. Löste es sich zu spät, quollen Papierbandagen. Balsam jedenfalls beherrschte mit den Jahren einen absolut sicheren Abriss. Und das immer unter ganz natürlichen Bedingungen. In trauter Umgebung der werkseigenen Toilette. Mal hastig, mal langsam verträumt. Mal mit einer sperrigen Zeitung, dann mit einem Glimmstengel zwischen zusammengekniffenen Lippen. Zuweilen rezitierend, gestikulierend, pfeifend und singend. Tapetenblümchen zählend, Fliegen jagend oder Ameisen zertretend. Jedenfalls ging ein Papier erst dann auf Rolle, wenn es dem Herrn Prüfer Balsam wohlwollend durch die kunstfertigen Finger geglitten war.

Beschwerden gab es haufenweis. Alles Perforations-Abriss-Probleme. Unsachgemäßer Umgang diagnostizierte Balsam geringschätzig. Denn gegenüber Herrn Balsam waren alle anderen – mit Verlaub – kleine Scheißer. Besonders delikat nahm sich die Angelegenheit aus, wenn der Beschwerde das corpus delicti beigelegt war. Doch Balsam verlor nie die Beherrschung, ging sehr behutsam und einfühlend, fast kriminologisch vor. Und stets wurden die unkundigen Kunden mit einer höflichen Entschuldigung und einer neuen Rolle mit Anleitung zufriedengestellt. Denn nichts ist störender, als eine Unregelmäßigkeit in täglichen Vertrautheiten.

Eines Tages klagte Herr Balsam über Magen-Darm-Beschwerden. Eine ernste, weil für einen Toilettenpapier-Perforationsprüfer existenzbedrohende Angelegenheit. Und so verfiel er vorsorglich auf den Gedanken, die Kontrollen zu simulieren. Ganz einfach vom Stuhl aus an seinem Schreibtisch, mit einem bequemen Griff nach der bereitliegenden Rolle. Ein kühner Gedanke. Vielleicht ein wenig zu forsch für einen zuverlässigen, doch im Grunde einfachen Mitarbeiter.

Die Abfuhr von der Firmenleitung fiel entsprechend prompt und deftig aus: Die Reißkontrollen hätten unter allen Umständen vor Ort zu geschehen. Ein Schreibtischsessel könne auch nicht annähernd jene charakteristische Klosetthaltung ersetzen. Gerade hier, wie nirgends sonst, käme es auf Milieutreue und Phasengerechtigkeit an. Und dann das Atmosphärische, die Behaglichkeit und Geborgenheit des stillen Örtchens, die alleine einen ungestörten und unbelasteten Dienst ausüben ließen. Was er sich nur dabei gedacht habe. Und so weiter. Und so weiter.

Da wurde Balsams Leiden chronisch und seine Entlassung unvermeidlich. Kurz vor seinem Dienstjubiläum. Und der obligatorischen silbernen Rolle.

Am Grab hielten Firmenleitung und Betriebsrat – mit allergrößtem Verlaub – beschissene Reden. Sie verglichen das menschliche Erdendasein an dünnen Fäden hängend mit dem unschuldig-perforierten Toilettenpapier an einer herzlosen Rolle. Mit dem Unterschied, dass es im ersten Fall Gott im Himmel überlassen bliebe, den Abriss zu bestimmen. Wo jedoch zweitens der Balsam so oft und meisterlich Schicksal gespielt habe. – Ja, ja, der unvergessene Herr Balsam, der Herr Toilettenpapier-Perforationsprüfer Balsam.

Wenn er nicht so zeitig gestorben wäre und unter normalen Umständen, ein krisenfester Job - so wie Friedhofsgärtner.

Märchenhaft

„Ich bin anders", eröffnete er mit glimmender Zigarette auf zartester Haut der wachgeschreckten Prinzessin, die aber über die Maßen enttäuscht zurückfiel in neuen hundertjährigen Schlaf, der Prinz vom Turm runter stracks quer die Schlossküche, durch dichtes Dornengestrüpp, nicht ohne Wonne wegstürmte über Wiesen und Weiden, wo er sich gleich in eine Ziege verliebte, minderjährig, na klar, nicht ohne vorher drinnen am Herd dem Lehrjungen einen herzhaften Kuss aufgedrückt und vom wiederbelebten Oberkoch einen saftigen Tritt in den Hintern empfangen zu haben.

Geschäfte

„Das ist aber ein ungewöhnlich früher Termin."
„Ungewöhnliche Wesen lieben das Ungewöhnliche, also ich meine, in der Frühe fühle ich mich frisch und unternehmungslustig, wie neu geboren. Da gelingen mir Pläne und Geschäfte am ehesten." Unternehmungslustig, Geschäfte und überhaupt ungewöhnlich. Das klang dem Versicherungsvertreter verlockend. Und er wusste, dass die Agentur ihn feuert, wenn er nicht sehr bald mir einem respektablen Abschluss hereinkommt.
Der Vertreter war pünktlich. Eine zierliche Dame in luftiger Garderobe öffnete und wies den Weg in einen Wintergarten. Durch aufgeschobene Glasflügel flutete frühes Licht und brach sich funkelnd in ihrem grünschillernden Überwurf.
„Ich fühle mich heute wie frisch geschlüpft, stecke voller Unternehmungslust und gestalte meine Lebensgeschäfte. Legen Sie los. Wir haben nicht unendlich Zeit. Mein Leben ist sehr kostbar."
Kostbar und Lebensgeschäfte ließen dem Versicherungsmenschen die Ohren wachsen. Das ‚Frischgeschlüpft' gefiel ihm besonders, wo er sich früh am Morgen eher wie frisch gehängt fühlte.
Nun war der Lebensversicherer bemüht, die Dame über die täglich, ja stündlich lauernden Gefahren für Leib und Leben aufzuklären, während sie es genoss, umschwärmt zu werden. Dann endlich hatte es der Mann geschafft, alle seine mündlichen Umschweifigkeiten in einem vielseitigen Formular schriftlich zu machen. Nun hauchte noch die Lady ihre Unterschrift hin, und das Riesengeschäft war perfekt.
Als gegen Mittag der Versicherungsvertreter die Dame verließ, begleitete sie ihn höflich, aber nicht ohne Mühe zum Ausgang. Und als er ihr noch bedeutete, morgen schnell mal vorbeizuspringen wegen einer Lappalie noch, schaute er in leere, bereits abwesende Augen.
Nach Wochen fand man den Vertreter schließlich. Erhängt in einem Wintergarten. Niemand konnte etwas erklären. Niemand konnte aber auch ahnen, dass der Agent einen Millionenvertrag mit einer Eintagsfliege abgeschlossen hatte.

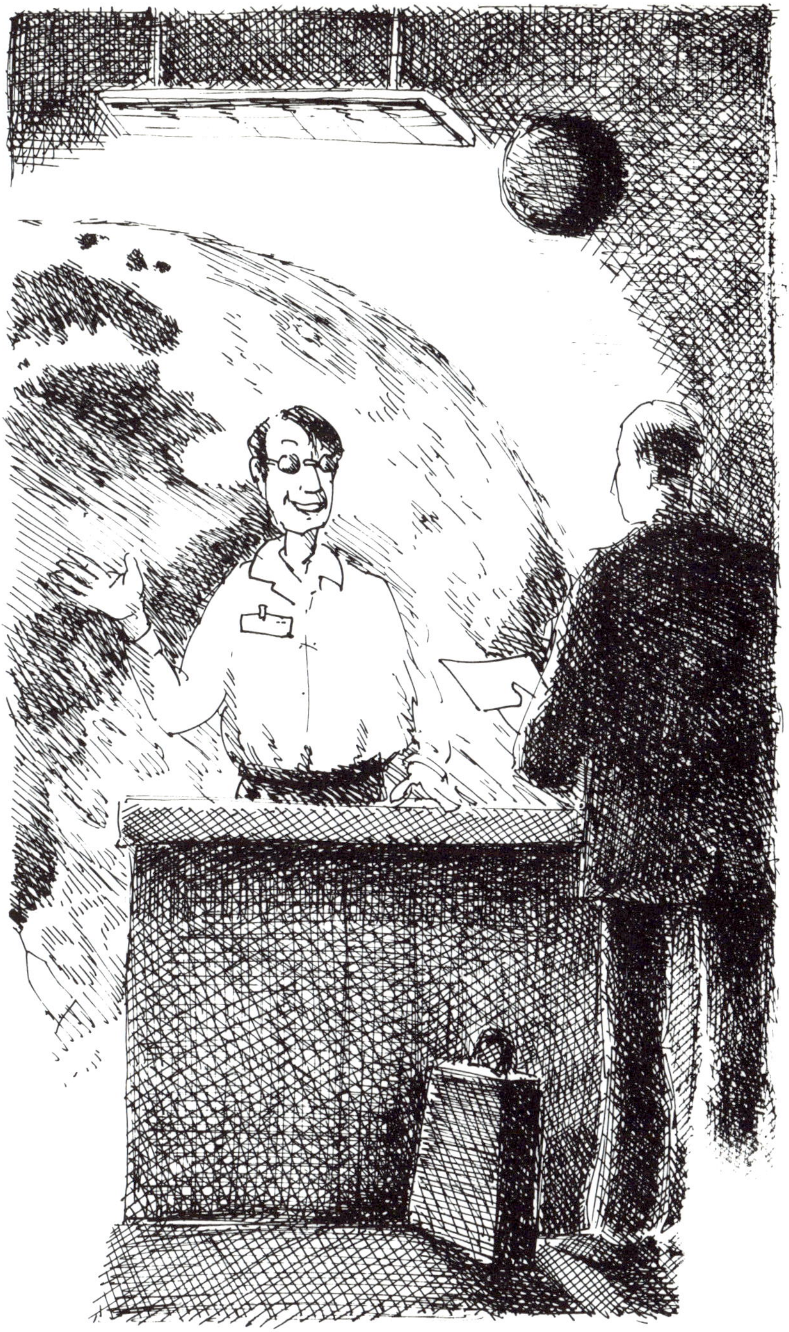

Ein gutes Stück

Es ist noch nicht lange her, da betrat ein Mann ein Warenhaus und begehrte den Mond zu kaufen.
„Den Mond will er kaufen! Nun sind wir schon das größte Haus am Platz. Aber den Mond kaufen? – Doch wenn es unbedingt sein muss. Wieviel wollen Sie denn für das gute Stück anlegen? Ist ein Unikat, müssen Sie wissen. Wir haben es noch nicht ausgezeichnet. Muss frisch reingekommen sein." Dabei drehte sich der Verkäufer leicht ab, zwinkerte seiner Kollegin zu, tippte sich an den Kopf und tat so, als wollte er Haare aus der Stirn streichen.
„Einen Riesen denke ich", kam es vom Kunden und hielt einen Scheck hin.
„Schön, Sie müssen den Mond aber schon selber abholen. Ist nämlich ein Mitnahme-Preis."
„Geht in Ordnung, doch ich komme erst, wenn er abgenommen hat. Kann ihn dann leichter tragen."
„Und passt besser in den Kofferraum", feixte der Angestellte dem Fremden hinterher. Und wusste nicht, worüber er sich mehr wundern sollte, über die eigene Schlagfertigkeit oder die Einfalt des Mondkäufers. Vielleicht hätte er auch ganz einfach Polizei oder Krankenhaus verständigen sollen.
„Lass mal", kicherte die Kollegin. Was geht das uns an?"
„Und die 1000 Mark?"
„Du glaubst doch nicht, dass der Scheck echt ist!"
Zwei Wochen später brachten es zuerst Radio und Fernsehen. Tags darauf hinkten die Zeitungen nach. – Der Mond war weg. Verschwunden. Man rätselte über eine unvorhersehbare totale Mondfinsternis. – Doch der Mond blieb weg. Wie von einem schwarzen Loch gefressen und verschluckt.
Nur drei wussten es besser. Den Mondkäufer konnte man nicht befragen. Tauchte nie wieder auf. – Die beiden Angestellten aber wollten ihren Job im Warenhaus behalten und hielten lieber den Mund.

Dabei hätten sie – gleich am Anfang schon – nur sagen brauchen, dass der Mond im Grunde unverkäuflich ist.
So aber war die Erde um ein gutes Stück ärmer geworden. Und wenn man nicht auf der Hut ist, wird sie am Ende gar nichts mehr haben.

Die Heilung

Es lebte ein König. Der war faul, fett und dumm. Alles, was sein Volk arbeitete, nahm er für sich.
Eines Tages konnte der König nicht mehr schlafen. Da kam ein Bauer und sagte: „Sieh, König, ich bin von morgens bis abends auf den Beinen. In der Nacht schlafe ich wie ein Murmeltier. König, du musst arbeiten!" Doch Arbeit machte den König missmutig. Zur Strafe ließ er die Bäuerin am Halse aufhängen, dass sie gerade mit den Spitzen die Erde berührte. Und der Bauer musste unter ihren Füßen graben, bis sie stillhing.
Kam ein Doktor: „König, dein Bauch ist zu fett. Du isst und trinkst zu viel. Du musst fasten!" Fasten stimmte den König missgelaunt. Zur Strafe ließ er den Doktor in Kuchenteig wickeln, braun anbakken und dann mit dem Kopf voran in ein hohes Fass Wein stecken.
Ein Gelehrter: „Dein Kopf brummt vor Leere. Lerne!" Das verdross den König. Zur Strafe ließ er dem Gelehrten eine wollene Mütze aufsetzen, mit Pech bestreichen, anzünden und abbrennen, bis er lauter wirres Zeug redete.
Es kam eine Frau und versprach dem König den tiefsten Schlaf. Sie verhängte die Fenster seines Gemachs und hieß die Dienerschaft hinausgehen. Dann trat sie hinter den König, holte unter dem Mantel eine Axt hervor und spaltete ihm den Kopf vom Scheitel bis zu den Zähnen. Sie ging hinaus und verschloss das Zimmer. Eine Wache sorgte dafür, dass keiner hineintrat.
Schnell verbreitete sich die Kunde: Der König schläft.

Fortan herrschte Wohlergehen. Gerechte Menschen regierten das Land. Und niemand dachte bis heute daran, den faulen, fetten und dummen König aufzuwecken.

Hättest du doch die Gans gestohlen
– ein Bauernmärchen –

In der Zeit , als noch grüne Kannen aus großen Löchern reichlich Segen über die deutschen Lande gossen, wuchs mitten in bereinigter Flur ein Bauernhof. Herr des Anwesens war ein mit allem wohl, wohl zufriedener Jungbauer, der mit jener Schläue ausgerüstet gewesen schien, an der sich so mancher Teufel in mancher Erzählung die Zähne ausgebissen haben soll. Die ausreichende Absolvierung einer bescheidenen Fachschule hätte ihm gewiss ein ehrenhaftes Amt im Elternbeirat der nahen Zwergschule eingetragen, wäre er nicht mit seiner Frieda kinderlos geblieben. Weil die Pille ohnehin billiger war als Kinderschuhe, beschloss das wackere Paar, lieber die vielen hungrigen Mäuler und Schnäbel der Kühe, Schweine, Hühner und Gänse zu stopfen. Ja, Gänse mochte der Bauer. Er hatte für sie eine besondere Schwäche und widmete ein großes Stück seiner meist gedrosselten Arbeitskraft der Zucht und Hege dieser Vögel. Eine Erklärung für die Sonderheit – Macke nannte es seine Frau – hatte er nie gesucht. Vielleicht, weil er, trotz Fachschule, keine gefunden hätte.
Gemessen an dem, was kosmetische Kunst anrichten kann, war die Bäuerin keine Grazie. Das ließ ein Übermaß an Arbeit auch gar nicht zu. Denn Müßiggang ist der Frauen Schönheit Anfang. Dennoch konnte das harte Tagwerk ihr einige körperliche Vorzüge nicht rauben. Sie war großrahmig und an den Stellen von Belang gut bepackt. Der bäuerliche Werdegang der Kleinstfamilie verlief einfach und unausweichlich. Auch die Hochzeit brachte keinen besonderen Höhepunkt. Der Sohn des Bauern X heiratete die Tochter des Bauern Y, als beide alt, und die Sparstrümpfe der Eltern voll genug waren.
– Eine Misthaufen-Hochzeit also.
Das stramme Paar bewohnte und bewirtschaftete den einzigen Aussiedlerhof der Gemeinde im nötigen beiderseitigen Einvernehmen. Der Jungbauer war wenig häuslich, aber sparsam. Eine gekonnte Eigenschaft wie sie heute nur noch in moselnahen Gegenden anzutreffen ist und nur von unverständigen Verschwendern als Geiz oder

Knickrigkeit abgetan wird. Nicht selten gelüstete es ihn nach frisch gezapftem Pils in der Dorfkneipe. ‚Geschäfte machen' nannte das der Bauer immer und gab damit seiner Bäuerin zu verstehen, dass er kein hirnloser Ackerwühler war, sondern etwas an den Mann zu bringen verstand. Und dieser Mann war in der Regel der Kneipenwirt selber. Das meiste jedoch trank er daheim, wenn seine Frau todmüde in die Federn gesunken war. Dann schwor er auf Apfelwein, weil selbst gemacht, er billig, in Mengen zu haben und obendrein gesund war. Der Arzt aus der Stadt, der regelmäßig eine Kiste für ein Spottgeld bezog, meinte nämlich, er müsste etwas gegen seinen nur unwesentlich erhöhten Blutdruck tun. Rappelte sich der junge Bauer tief in der Nacht aus dem Sessel hoch, so hörte ihn die Bäuerin wie er mit nur Betrunkenen eigenen tölpelhaften Behutsamkeit durchs Haus polterte und das Treppenhaus rauftappte, um endlich schwer atmend die Decke über die Ohren zu ziehen. Sie sagte dann nie etwas, stellte sich schlafend, um nicht seine ganze Männlichkeit zu provozieren. Nur am nächsten Tag, wenn um ihn alles so kurz angebunden und lautlos verlief, dämmerte es ihm, dass er in der Nacht nicht alleine war.

Außer diesen eher harmlosen Unregelmäßigkeiten geschah eigentlich nichts, was einen soliden und hartnäckigen bäuerlichen Haussegen in Schieflage hätte bringen können.

Es war Winterzeit. Der Nordwind klebte die Schneeflocken chancenlos an die warmen Fensterscheiben der Bauernstube. Ein Klarsichtofen verströmte Hitze, behaglich brummte der Kühlschrank. Auf der Herdplatte quietschten Bonäpfel, ohne dass sich jemand ihrer erbarmte. Der Jungbauer lag im Ohrensessel bei Apfelwein und mühte sich durch die ausgeliehene Zeitung von gestern. Die Bäuerin träumte über Strickzeug von der immer wieder verschobenen Hochzeitsreise nach Sestri Levante. Dann und wann ließ sie die müden Arme auf die Schenkel sinken, schaute in Richtung Zeitung und tat einen tiefen, unhörbaren Klagelaut.

Da pochte es forsch an die Stubentür. Und noch ehe die beiden aufblicken konnten, wurde sie auch schon aufgestoßen. Herein trat ein weiß geschneiter und vor Kälte bibbernder Fuchs. Er schüttelte sich frei, bellte ein kaltschnäuziges, heiseres, total cooles ‚Hallo', schob

mit dem Hinterbein die Tür zurück ins Schloss, schritt schnurstracks zum Ofen und baute sich dort auf, indem er abwechselnd die Bäuerin und dann den Bauern auffordernd anfunkelte.
Den Bauersleuten fiel ein Stein vom Herzen. Es hätte ja Verwandtschaft aus der Stadt sein können, die sich alljährlich über die winterlichen Bauernfreuden Speck, Schinken und frische Eier hermachte.
Da die Leute auf dem Land ohnehin eine schnörkellose Beziehung zu Tieren haben, und es nichts Einfacheres gibt, als unbemerkt in ein Bauernhaus einzudringen, sagten die zwei zuerst gar nichts. Dann faltete der Bauer bedächtig und falsch die Zeitung zusammen, schob sie zwischen Sitzpolster und Armlehne, tat einen strammen Schluck, lehnte sich zurück, schlug die Beine übereinander und sagte zum Ofen gewendet, wo der Fuchs noch immer fordernd stand:
„Roter, und?"
Und eigentlich recht wenig. Es begann ein Feilschen, ein Wenn und Aber, ein Hin und Her, bis man sich endlich einig war. Der Fuchs durfte den Winter über im Haus bleiben, sich am warmen Herd einrollen. Dafür versprach der Räuber, für ein ganzes Jahr, seine gesamte Sippschaft eingeschlossen, die Schnauze von den Hühnern und vor allem den so geliebten Gänsen zu lassen. Als Zugabe und Kurzweil wollte er am Abend eine Geschichte erzählen, sei er doch weit herumgekommen und ein ausgemachter Schlaukopf.
Gänseinruhelassen sowie Geschichtenerzählen sparen Ärger und Strom, dachte der Jungbauer und war es zufrieden. So teilten sie ihre bescheidene Behaglichkeit mit dem Fuchs. Der rollte sich eng am Ofen zusammen. Und immer, wenn der Schnee gegen die Fenster schlug, und der Frostwind an den Holzläden rüttelte, kniff er die listigen Augen zusammen und dachte an blaugefrorene Pfoten und glasige Ohren.
Der nächste Tag verlief reibungslos. Der Bäuerin gegenüber verhielt sich das Tier rüde, aber nicht bösartig. Den Bauern behielt der vorsichtige Fuchs lieber im Auge und machte einen Bogen um ihn. Das Fressen war karg. Hin und wieder griff er eine Maus, die aber, was ihre Beleibtheit anging, auch nicht mehr das war, als noch die Speicher voll Korn lagen, feines Weizenmehl aus den Säcken quoll, und

sich die Balken über Schwartenmagen und Räucherschinken bogen. ‚Geschäftemachen' und Apfelwein ließen den Hof verkommen. Und obwohl die Bäuerin sich abrackerte, reichte es gerade aus. Am Abend lag der Herr im Sessel bei Apfelwein. Sie hockte im Schein der Ofenglut über einer Handarbeit. Der Fuchs kauerte am Herd. „Roter, erzähl", brummte der Bauer mit klotziger Zunge. Der Fuchs hob die Schnauze und begann mit der ersten Geschichte: „Zu unserer WG-Taufe machten wir auch eine Schar Gänse an, ein paar dufte Vögel, ehrlich. Es sollte irgendwie ein richtiges Friedensfest werden und so. In Wirklichkeit wollten wir uns mal wieder 'nen starken Happen reinziehn. Die Gänse jedenfalls schnatterten vor Vergnügen. Zur Fete fehlte nur noch die Verzierung. Sonst war alles klaro. Und da baten wir die weißen Schicksen um ihre schönsten Federn. Die liefen wirklich voll auf und ließen sich die allerlängsten Fliegerchen rupfen. Als sie alle so halbnackt dastanden, fielen wir über die Dummen her. Du, die waren echt betroffen von. Keine konnte sich retten, denn ihre Flügel hingen verfranzt wie Reisigbesen."
An der Stelle musste der Fuchs schlucken und würgen. Speichel floss über Zunge und Zähne, und die Tropfen glitzerten im Feuerschein.
„Eine dumme Geschichte", zischte der Jungagronom und setzte zu einem Referat an über die Geflügelzucht im allgemeinen und über die Intelligenz sowie Wertschätzung der Gans im besonderen. Und schloss seine abstrusen Ausführungen mit der mythologischen Weisheit, dass selbst Gott Vater sich nicht zu schade war, der schönen Helena nahezutreten. In Gestalt einer Gans. Jawohl in einer schönen, weißen Gans. Der Fuchs hielt sich die Ohren zu und schloss den ersten Erzählabend, halb entschuldigend, halb stolz, dass es weniger die Dummheit der Gänse als vielmehr die eigene Schläue zu Wege brächte, dass ihm von Fall zu Fall ein saftiges Fleisch zwischen die Zähne geriet. Und erinnerte daran, dass die Gänse vom Kapitol gerade wegen ihrer Helle und Wachsamkeit berühmt geworden seien. Doch Kapitol-Gänse kannte der Bauer nicht. Er war schon eine Ewigkeit nicht mehr im Kino gewesen.
Der erste Abend endete, indem jeder vor sich hinschwieg, bis der Ofen weniger wurde, die Frau nach oben gegangen, die Flasche geleert, und der Fuchs eingeschlafen war.

Am nächsten Morgen machte der Bauer zuerst Geflügelbilanz. Es fehlte kein einziger Vogel. Dennoch spannte er den Maschendraht des Gänsestalles neu und tauschte ein morsches Brett aus. Den ganzen Tag über ging er sauertöpfig. Er traute dem Roten nicht und hätte ihm am liebsten die Kehrseite der Axt zwischen die Lichter gesetzt. Der Fuchs ließ den Bauer nicht aus den Augen und sah sich vor. Wieder kroch ein früher Winterabend herauf. Draußen stand die Kälte wie eine Eissäule, und die Sterne waren am Himmel festgefroren. Drinnen bullerte der Ofen. Die rote Glut malte tausend Flecken an die Stubendecke, brach sich im kalten Grün der Weinflasche und warf noch genügend Licht für die Handarbeit der Bäuerin.

„Roter, los", quoll es aus dem Ohrensessel.

„Ein riesiger Wolf, ein echter Alpha-Typ mit faschistoidem Eigenego wollte einmal ein Fass aufmachen und lud eine Menge Gäste ein. Alle nahmen an und waren sich einig, rabenstarke Geschenke mitzubringen. Nur dem Spanferkel, einem knabber-knackigen Rosa-Softie wollte nichts Rechtes einfallen und fragte den Wolf, was es denn mitbringen könnte. Der Wolf schmatzte zurück, aber Liebes, nichts, nichts, komme am besten so, wie du bist..." Hier verdrehte der Fuchs lüstern die Augen, röchelte und gluckste und wischte mit der nassen Zunge über die blanken Zähne.

„Saublöde Geschichte", knurrte der Bauer und leerte aus Verdrießlichkeit die Flasche in einem Zug.

Nach einem langen Schlaf überprüfte er zunächst den Schweinestall, bevor er sich intensiv auf den Feierabend vorbereitete. Am Abend stürmte es draußen. Die Hoftür schlug, und die Fensterläden knufften die Scheiben. Die Bäuerin musste Wollenes in die Ritzen klemmen. Auch in diesem Herbst hatte der Bauer die Gläser nicht gekittet.

„Roter fang an", kam es von der Apfelweinflasche her.

„Bei einem Löwenkollektiv war eine Party angesagt. Zu dem Gelage wurde auch ein Ochse, so'n richtiger Hänger eingeladen. Mit der Mahnung, auch ja einen Spieß mitzubringen. Das Rindvieh nahm die Einladung an. Seither hat es keiner mehr gesehen..." Der Fuchs konnte nicht weiter und musste würgen, als wäre ihm ein ganzer Schinken hinter die Kehle geraten.

„Doofe Geschichte", keuchte der Bauer. Und bei Glockenhelle am nächsten Morgen tapste er durch den Kuhstall und tätschelte den Viehchern die mistverklebten Backen. Abends drauf schneite es wieder. Die Flocken fielen dicht, fett und wässrig. Im spärlichen Ofenlicht funkelten Häkelnadel, Fuchsauge und Flasche.

„Roter, deine Geschichten gefallen mir nicht", lallte der Bauer, „erzähle lieber was von Menschen, sonst setzte ich dich in die Nacht."

Der Fuchs verengte die Augen zu Sehschlitzen, hob ein wenig seine findige Schnauze und begann:

„Draußen vor dem Dorf lebte einmal eine rüstige Bäuerin, eine zombige Tante, mit ihrem Bauern. Sie hatte den ganzen Tag Maloche. Er, ein Agro-Schlaffi, der auf nichts einen Bock hatte, als durch die Dorfkneipen zu flippen und dummzusülzen. Zu Hause hing er rum und soff sich mit Appelwein die Füße rund. Plagen hatten die beiden keine. War billiger so. An den langen Winterabenden stand die Bäuerin auf Handarbeit. Zu knispeln gab es eh nichts, weil der Prolo meist total hackezu im Polster lag."

„Gell, Frau, da sind wir zwei aus anderem Holz", kam es vom Lehnstuhl. Dabei klatschte er seiner Frieda auf die prallen Schenkel, dass die Stricknadeln bedrohlich wippten. „Roter, weiter!"

„So geschah wochenlang nichts. Nur einmal im Winter bei totaler Kälte hämmerte es an die Tür. Ein unheimlich abgemagerter, halb erfrorener Fuchs. Ätzend! Er wollte sich nur etwas Ofenwärme überziehn und dafür das Geflügel schonen und saugute Geschichten erzählen."

„Ha, der Lügner, sabberte der Bauer. „Das kenne ich. Die roten Säkke sind alle gleich. Durchtrieben und rotzfrech. Ich hätte ihm direkt die verlogenen Schläfen eingeschlagen und ihm das verdammte Fell über die Ohren gezogen, gell Frieda." Und wieder klatschte er ihr auf die Schenkel, dass ihr ein tiefer Seufzer entfuhr. „Roter, weiter!"

Der vergrub seinen Kopf zwischen die Pfoten und fuhr fort: „Das Tier durfte bleiben, laberte irre Storys und hielt sich sonst bedeckt. Und als es draußen irgendwie wieder warm wurde und so, wollte der Fuchs in den Sack hauen. Beim Ciaosagen entpuppte er sich als gute Fee. Echt tierisch, du! Gab den zwei aber nur e i n e n Wunsch

auf. Die hatten jetzt den großen Frust, weil es nur e i n Wunsch war. Und sie einfach ‚alles paletti' sagen und sich nen bärenstarken Fang ranziehen konnten. Am Schluss hatten sie so'n Zoff, dass die Alte rief, ‚wär uns der Kerl doch nie über den Weg gelaufen, und würde auf der Stelle tot umfallen.' Sofort kippte de Typ um. Der Wunsch war voll in die Hose gegangen."
„So dumm möchten wir auch mal sein", kam es dickzüngig aus dem Ohrensessel. „Da kann man mal wieder sehen, wo man hinkommt, wenn man einen schwachen Kopf hat." Die Bäuerin nickte ahnungsschwanger, ließ das Strickzeug in den Schoß sinken und stöhnte leis.

Nachdem die kalten Winde genug Schnee aufgetürmt hatten, und das Eis nicht mehr dicker frieren konnte, wurde der Winter bettlägerig. Die Eisblumen verwelkten und ließen den gelben Jasmin in die Wohnstube schauen. Die Eiszapfen an der Dachrinne verbluteten unter der höher gehenden Sonne. Drinnen wurde die Ofenwärme lästig, die Stube immer kleiner. Der Bauer ließ nun häufiger die Tür hinter sich offen, ohne dass die Bäuerin ihm unwirsch nachrief. Sie hatte zum erstenmal ihre Handarbeit nicht fertig bekommen und keine Lust, weiter daran zu arbeiten. Dem Fuchs juckte das Fell über einem ausgezehrten Leib.

Der Abschied wäre sicher kurz und bündig gewesen, hätte der Fuchs den Bauersleuten nicht noch einen Wunsch aufgegeben. Da Wunder auf dem flachen Land nicht selten sind, waren sie darüber nicht sehr erstaunt. Der Bauer fand es nur ärgerlich, dass das blöde Tier sich nicht schon früher als Glücksfee erklärt hatte. Sie hätten dann, bei etwas mehr Entgegenkommen , bestimmt drei Wünsche gehabt. Wie es normal gewesen wäre. – So kam es, wie es kommen musste. Am Ende wussten sie nicht, ob man der Zufriedenheit, der Gesundheit oder dem Reichtum den Vorzug geben sollte. Nachdem auch Apfelwein und Birnenschnaps nicht die gewünschte Wirkung zeigen wollten, geriet der Jungbauer in Panik, schwoll an, verfärbte sich und rief: „Wäre uns der Rote nie untergekommen und würde er auf der Stelle verrecken!" – Augenblicklich machte sich das Tier lang, streckte alle Viere von sich und lag platt da.

Schon oft hatte der grüne Klee mit kaltem Schnee gewechselt und die Sonne den Hof umkreist.

An den vielen langen Winterabenden saßen die Bauersleute in der warmen Stube. Er im Sessel mit der ausgeliehenen Zeitung von gestern bei Apfelwein. Sie träumte über einer Handarbeit von der aufgeschobenen Hochzeitsreise nach Italien. Und immer, wenn sie in die funkelnden Glasaugen des Fuchsfelles schaute, beschlich es sie, ließ das Strickzeug niedersinken und seufzte leise auf. Und oft konnte sie den Altbauern beobachten, wie er beim Durchschreiten der Stube seine schwerfälligen Schritte so maß, dass er mit dem kräftigeren linken Fuß den Pelz trat. Die aufgerissene Schnauze hob sich dann leicht, und man hätte glauben können, dass der Fuchs auflachte.

Und wenn es an den Winterabenden wirklich einmal an die Tür pochte, war es immer nur Verwandtschaft aus der Stadt, die über Schinken, Speck und frische Eier bei Bauernbrot und gelber Butter herfiel. Manchmal sollte es wohl auch ein Gänsebraten sein, was den Bauern besonders schmerzte.

Sonst gingen die Jahre sehr ruhig. Die großen Feste hatten die Bauersleute bereits hinter sich gebracht. Für eine Kindtaufe war es zu spät. Und die allerletzte Feier durfte getrost noch auf sich warten lassen.

"... regellose Dinge lagen außerhalb seiner Möglichkeiten, waren unkalkulierbar, riskant sogar ..."

Ein Nachwort

von Klaus Wiegerling

Wendel Schäfers Kurzprosa bietet uns merkwürdige Sujets, die irgendwo zwischen Lovecraft, Kafka, Borges und Buzatti angesiedelt zu sein scheinen. Skurriles paart sich mit Kryptischem, Realitätsebenen fließen wie in klassischen Mythen ineinander, Menschen und Dinge sind beständigen Wandlungen unterworfen. Das Personal erinnert gelegentlich an Charaktere aus Canettis Ohrenzeuge: oft verschroben, von Obsessionen und Manien gepeinigt und von unsichtbaren Mächten getrieben; Extremisten zuweilen, gnadenlos gegen sich und andere. Und dennoch, dieses Personal ist nicht nur dem Kreatürlichen, den Pflanzen und Tieren nahe, sondern auch uns. Sie leben aus, was in vielen von uns gärt.

Schäfers Protagonisten sind die Kleinen: Rentner, Alte, kleine Angestellte und Beamte vor allem, nicht die großen Macher, die global player mit gut sitzender Krawatte, sondern die, die diese auszuhalten haben. Die hier ins Rasen kommen, flüchten sich gelegentlich in Werke, meistens aber in den Wahn.

Beamte nehmen in Schäfers Kosmos eine wichtige Rolle ein. Sowohl als Erfüllungsgehilfen der bestehenden Ordnung, als auch als Personen, die diese Ordnung als erste zu ertragen haben. Manchmal werden sie gefressen, meistens passen sie sich an und vollstrecken, was die Ordnung verlangt. Schäfers Beamte sind mehr als Staatsdiener, sie sind ein Typus des Kleinen, Unscheinbaren und Unwesentlichen, aber auch des Funktionierenden.

Gefährlich ist, was aus der Spur läuft. Dies bedroht die Ordnung, ja die Existenz der Verwalter der Ordnung. Was aus dem Rahmen fällt, muß entweder in den Rahmen zurückgebogen oder abgeschnitten werden. *Triebtäter* Melchior Hegner entfernt unnützes Leben von seinen Gewächsen. Das kommt einem bekannt vor. Aber irgendetwas läuft immer aus der Spur. So wie in *Wende zurück,* wo der Protagonist die Jahrtausendwende verpennt um schließlich festzustellen, daß der Weltuntergang doch irgendwie stattgefunden hat. Das sind durchaus Themen unserer Zeit. Heute paßt vieles nicht mehr in den Rahmen, auch wenn dieser weicher erscheint. Unformatiertes ist nicht zu gebrauchen. Und wehe, man spielt nicht mehr mit den ITis, den Händi- und Netomanen, den Rundumerneuerern und Fitmachern. Jedenfalls müssen bei Schäfer wie in der "richtigen Welt" gelegentlich Omas entsorgt werden, nachdem sie sich aus Familie und Welt geschrumpft haben. Und am Ende freilich wird gesäubert und wieder alles in Ordnung gebracht. Es geht nicht selten um Menschen, die auf der Suche nach dem Eigentlichen sind, um Wesenserkunder und merkwürdige Philosophen. In *Strauß und Distel* ist für den Protagonisten das Entscheidende eigentlich das, was daneben liegt, das Unerwartete, die Fußnote sozusagen, das was aus der Form läuft. Gertrud, die Florophile, garniert das Konservierte mit Frischem. Wäre das nicht eine Idee für die Zukunft der Körperweltenausstellung, ein entscheidender Kick für die Zukunft des Voyeurismus? Warum nicht einmal eine frische Leiche neben den Konservierten, vielleicht in einer Glasvitrine um den Beschauern den unangenehmen Verwesungsgeruch zu ersparen.

"Haben Sie etwas gegen Gummi?" – Der Mensch und seine Natur

Schäfers Figuren sind dem Kreatürlichen ganz nahe. Verwandeln sich in Pflanzen und Tiere, verpuppen, vegetieren. Das ist auch nahe an fließenden mythologischen Urformen, wo Menschen zu Tieren und Pflanzen und Götter zu Menschen werden. In Schäfers mythologischen Fügungen sind die Menschen vielleicht kreatürlicher, aber gewiß nicht humaner. Schäfer artikuliert seine Zweifel an der alten Rousseau'schen und marxistischen Hoffnung, daß der naturalisierte Mensch ein humanisierter ist. Die natürliche Welt ist gewalttätig und gnadenlos, da wird gefressen, verschlungen und überwuchert. Dies ist natürlich, aber gewiß nicht human. Wehe dem, der unbedacht die Kultur zu retten trachtet, indem er zur Natur zurückkehrt. In *Aktaion* steigt ein "Gesundler" soweit in die Natur herab, daß er ihr am Ende zur Nahrung dient. Vielleicht macht der gemeine Plaststoff, das Gummi etwa, die Natur erst humaner? Die Natur also ist gewiß kein locus amoenus, kein abgeschotteter Garten, in den man sich zurückziehen kann, nichts was tröstet, sondern etwas, was den Menschen immer auch bedroht. Von innen durch Krankheit und physischen Verfall, von außen durch allerlei – sicher auch selbst verursachte – Katastrophen. Das Natürliche ist das Altern, das Vergehen, Verwelken, Verenden, ist triebhaftes Begehren und rohe Gewalt. Nicht selten wird der Mensch sogar in das vermeintlich Natürliche getrieben, er wird gezüchtet, selektiert, beschnitten, gebogen, abgerichtet; auch das ist offensichtlich eine aktuelle Perspektive, wenn wir an Genforschung und Biotechnologie denken. Die Natur scheint in der unseligsten Perspektive Kulturelles und damit Menschliches zu dominieren. Das ist das Gegenteil der romantischen Perspektive. Der Traum vom Paradies jedenfalls, in dem Mensch und Natur in Eintracht miteinander leben ist für Schäfer fragwürdig.

"Was vielleicht noch an Technik hätte fehlen können, mußten Glaube und guter Wille ergänzen" – Der Mensch und seine Technik

Die Technik ist für Schäfer nicht das der Natur Entgegengesetzte. Technik ist nach biologischer und kultureller Disposition die dritte Natur des Menschen, die ähnlich wie die erste bedrohlich sein kann, die herrscht und immer seltener beherrscht wird. Technik ist die verstärkte Natur, die härtere Faust, der schnellere Schritt, der stärkere Arm. Sie ist aber längst auch das, was menschliche Fähigkeiten nicht nur verbessert, sondern schlichtweg auch ersetzt. Gerade in den Momenten der Selbstvergessenheit, der Irritation und Neugestimmtheit entfaltet sie ihre tödliche Gewalt. In *Postpostkrise* beendet sie jäh ein Leben und entfaltet dabei ihre eigene bedrohliche Ordnung, der wir uns offensichtlich ebenso unterwerfen müssen wie der der Natur. Technik ebnet ein, macht gleich und schafft die Ordnung der Maschinerie, die wiederum angepasstes Verhalten erfordert. Der Erfinder Kübel, der von Ideen lebt, erfindet den Intelligenzegalisator, der Intelligenz und Kreativität zu übertragen vermag, aber leider zuungunsten dessen, der sich als Überträger zur Verfügung stellt. Im Gegensatz zur Natur, die Gleichheit weder kennt, noch zu dulden scheint, ist Technik eine egalitäre Kraft. Die Gleichheit, welche die Technik auf Kosten der Natur schafft, humanisiert unser Leben aber nicht unbedingt, sie ebnet auch das Ungewöhnliche und Kreative ein. Technik ist auch eine nivellierende Kraft, trotz aller kreativer Potentiale, die sie uns zur Verfügung stellt. Auch wenn man schnell als ewiggestriger Maschinenstürmer und Bildungsphilister bezichtigt wird, es ist nun einmal so, daß hinter den modernen technischen Potentialen oft Inhalte verkümmern, gelegentlich sogar verschwinden. Je mehr Creative-Directors erkoren werden, desto schlimmer ist es zweifellos um die Kreativität bestimmt. So gewiß die Ordnung der Technik Menschenwerk ist, so gewiß wird ihre Dominanz über das Leben dem Menschen nicht gerecht. Es fehlt etwas in dieser Ordnung, und das, was fehlt, so heißt es in *Der Erfinder* "mußten Glaube und guter Wille ergänzen". Und wahrscheinlich ist es auch so.

"...daß auf sein Spiel Bäume tanzen, Steine kreisen und die Wasser in ihrem Fall vor Zauber starr still stehen und lauschen." – *Der Mensch und seine Mythen*

Noch immer hockt der Mensch am Feuer und beschwört seine Götter und sein Schicksal. Noch immer versucht er mit Magie auf die Welt und die Menschen zu wirken, erleidet esoterische Einflüsterungen, Allmachtsphantasien und magisch inspirierte Hoffnungen auf Liebe, Reichtum und Macht. Nicht selten sind die Beschwörungsrituale aufwendiger als die beschworenen Wirkungen *(Tötungsmaßnahme, Kopfmittel)*. Gewiß, das mag absurd sein, aber in mythischen Welten geht es nicht um Logik und Effizienz. Gelegentlich verschwinden diese Wirkungen ganz hinter den Ritualen. Aber vielleicht benötigen letztere gar keine Ziele, sind Selbstzweck, Lebensform, Selbstvergewisserung – gerade dann, wenn Ziele und Hoffnungen entschwinden, im Alter oder im Zustand der Ohnmacht beispielsweise.

Rituale braucht der Mensch. So wird in *Von der Prinzessin, die (fast) keiner haben wollte* der Beichtvater verbrannt, nachdem sie überraschend ein Kind gebar. Ein Opfer muß gebracht werden, bevor es zum Happy End kommen kann. Stereotypen erleichtern die Opfer-

bzw. Tätersuche, vom ewigen Juden bis zum unheimlichen Deutschen. Es muß nicht immer der Gärtner der Täter sein, auch ein Pfaffe tut es, Hauptsache das Gemüt ist gekühlt und das Volk ist es zufrieden. Rollen sind gefragter denn je. Wehe dem Stotterer, der einmal aus der Rolle fällt. Vor Mythen sind wir Ohnmächtige. Der mythischen Fügung kann man nicht entrinnen. Mythen werden bestätigt, indem man ihre Bilder reproduziert. Sie schaffen Modelle, die Verhalten disponieren, Schwächen offenlegen und helfen, sie zu kompensieren, indem sie Fähigkeiten in Erinnerung rufen und bestärken. Soviel – zuweilen gefährliche – Wahrheit der Mythos auch enthalten mag, wir entfernen uns von ihm in schnellen Schritten. Wir verstehen ihn noch, aber wir finden uns nicht mehr in ihm wieder. Dies ist vielleicht tröstlich zu wissen, aber es zeigt auch einen Bruch in der Vermittlung, zuletzt in der eigenen Identität. Der germanische Geigenunterricht ist archaisch. Es wird geübt bis das "Blut aus allen Fingerspitzen springt", aber dann tanzen die Bäume, kreisen die Steine und die Wasserfälle stehen still um zu lauschen. Mythen leben auch von Blut und Schwere, von Übermenschlichkeit, Ohnmacht und Selbstverachtung. Wenn alle Leichtigkeit abhanden gekommen ist, dann sind wir in der germanischen Tiefe angelangt – allein, die entstammt nicht unserer Zeit. Bedauern können das nur noch die Dichter und Denker, die ewig Verluste beklagen.

"Wer Ordnung hat findet, erfindet aber nichts" – Der Mensch und seine Ordnung

Die zerstörende, behindernde, einengende Macht der Ordnung war bereits in Schäfers 1994 erschienenen Kurzprosaband *Vögel haben keine Fenster* das Schlüsselthema. Sechs Jahre später ist Schäfers Verhältnis zur Ordnung ambivalenter. Noch immer reiben sich die Protagonisten an Ordnungen, vorgegebenen, aber auch selbsterzeugten, die keineswegs immer die erträglicheren sind. Noch immer begehren sie gegen sie auf und scheitern an ihnen. Gelegentlich zeigt sich aber auch das Entlastende der Ordnung. In *Mengenlehre* macht die Alltagsordnung das Unerträgliche erst erträglich. Wenn die Ordnung aus den Fugen gerät, kann das zu merkwürdigen

Verbindungen führen. In *Baumschule* wird man an Sloterdijks Überlegungen zum Verhältnis von Lektion und Selektion erinnert. Züchtung, Züchtigung, Aufzucht, Zähmung, Domestizierung, alles gerät da durcheinander, aber vielleicht ist gerade das der Ausdruck unserer heutigen Ordnung, in der die Früchte denn auch "Bäpfelchen" heißen mögen. Fest steht jedenfalls, daß man diese Ordnung an diesen, ihren Früchten erkennen wird.

Dennoch, die Ordnungsfetischisten und Ordnungswächter stehen in ihrer zerstörerischen und selbstzerstörerischen Obsession nach wie vor im Zentrum von Schäfers Kurzprosa.

Die Barbarei macht den Hütern der Ordnung keinen Spaß, aber wenn die Ordnung sie verlangt, muß sie geschehen (*Schneckenschneiden*). Auch Bruder Eichmann hatte keinen Spaß als er die Ordnung vollzog. Maschinerien funktionieren mit und ohne Spaß. Sie müssen nicht hassen und nicht lieben, nur funktionieren müssen sie.

Wer sich mit der Ordnung identifiziert, ist am stärksten bedroht. Und da kann ihr Hüter, der Bürger, auch mal ins Rasen kommen. Wehe, dann spaltet er auch mal einen Schädel mit dem Spaten.

Der Rentner *Florian* hat Angst vor allem, was aus der Ordnung fällt. Nur die Ordnung, genauer die Fähigkeit etwas zu überblicken und präzise auf die Zahl bringen zu können, läßt ihn die grundlose Angst vergessen, die seine Existenz bestimmt: "...regellose Dinge lagen außerhalb seiner Möglichkeiten, waren unkalkulierbar, riskant sogar." Vielleicht ist Florians Angst die Grundbefindlichkeit des digitalen Zeitalters und seinem Leitspruch esse est computari. Das Unkalkulierbare, Regellose ist es, was die digitale Ordnung bedroht. Die Dinge müssen der Zahl unterworfen werden, erst dann sind sie nicht mehr gefährlich. Die Zahl ist selbst zum Mythos geworden, der Allmachtsphantasien weckt und Rituale zeitigt. Sich diesem Mythos zu fügen, schließt aber auch ein, daran – wie Rentner Florian – zugrunde zu gehen.

Erfinder Kübel erfindet, aber er findet keine Ordnung. Und erst als er mit Hilfe seiner genialsten Erfindung, dem Intelligenzegalisator etwas von seinem kreativen Vermögen abgibt, wird er für die Umgebung zum leidlichen Nachbarn.

Hier spiegelt sich die Ambivalenz der Ordnung. Erst sie schafft Verträglichkeit, aber immer auf Kosten derer, die an ihr leiden. Natur, Technik, Mythen, all das sind Ordnungszusammenhänge, die für Schäfer wohl nur gebrochen erträglich sind, wenn wir uns von ihnen schon nicht befreien können. Sich der Ordnung fügen, heißt aufgeben und hinnehmen. Das mag vernünftig sein, ob es menschlich ist, bleibt dahingestellt.

Schäfer lässt uns in einer Aporie, die wir auszuhalten haben. Bemerkenswerte Literatur verspricht keine Lösungen, sondern zeigt Verhältnisse und Verstrickungen auf, fasst den Geist ihrer Zeit, ohne im Gewand des Zeitgeistigen aufzutreten. Auch wenn es wohl bis auf weiteres nur wenige bemerken werden, Schäfers Kurzprosa zählt zu dieser Literatur.

Inhalt

1. Schneckenschneiden

Strauß mit Distel	7
Durch den Regenbogen	9
Esterwegen	12
Puppenhaus	15
Rendez-vous mit Pflanzen	17
Schneckenschneiden	19
Liegendes	20
Die schwarze Puppe	21
Der Erfinder	23
Wende – zurück	29
Ein UnFall	31
Rolle des Lebens	32
Daheim	33
Apfelfamilie	34
Winterbienen	35
Pferdefrühling	38
Symbole	39
Findling	40
Das Gespräch	42
Das Nachtfenster	45
Die beiden Alten	47
Feuerkopf	48
Man kann nie wissen	49
Gutem Tag	50
Abwürfe	51
Die Familiengruft	52
Postpostkrise	53
Die Entsorgung	54
In wenigen Minuten	55
Endstation	56

Regentage 59
Helden 60

2. Sauerkauz

Blauer Spaten – violett 65
Alpha 67
Mengenlehre 68
Florian 71
Fischessen 74
Aktaion 75
Geschehnisse – kirschrot 76
Verlorenes Gesicht 79
Baumschule 83
Bücherflut 84
Triebtäter 85
Tötungsmaßnahmen 88
Kopfmittel 89
Herr Ruediger 90
Sakkas' Tod 96
Die Kognak-Reise 97
Vom Paradies 99
Sauerkauz 100
Die Pflasterinnen 101
Rekordflug 103
Der Ab-Tritt 104

3. Dreiwunsch

Liebeszauber 107
Geigenunterricht – germanisch 108
Von der Prinzessin, die (fast) keiner haben wollte 109
Schönes Märchen 110
Wolf mit drei f 111
Ums nackte Leben 112

Vom sicheren Job	113
Märchenhaft	115
Geschäfte	116
Ein gutes Stück	119
Die Heilung	121
Hättest du doch die Gans gestohlen	122
Nachwort	130

Michael Schäfer – geb. 1968 in Andernach, wohnt als Toningenieur/Krankenpfleger/Künstler in Leiningen (Hunsrück). Nach Abitur Studium der Tontechnik in Frankfurt, als Künstler Autodidakt. Aquarell/Collage/Montage, Bilder in online-galerie Mittelrhein und Berlin.

Cornelia Kurtz – geb. 1964, verheiratet, zwei Kinder, aufgewachsen in Fürstenwalde bei Berlin, lebt in Udenhausen (Hunsrück). Nach Abitur Zeichenschule bei Gerhard Großmann (Maler, Grafiker, Illustrator v. über 250 Büchern), seit 1996 freischaffend als Illustratorin tätig. Zusammenarbeit mit den Verlagen Aussaat-Verlag, Stam, Thienemann, Hänssler, Johannis, Butzon & Bercker, Könemann, Metz und Dürr & Kessler (hier Illustrationen zu *Barbarossa* v. Wendel Schäfer, 1997). Mitglied in der IG Medien.

Klaus Wiegerling, Dr. phil. – geb. 1954 in Ludwigshafen. Studium der Philosophie, Komparatistik und Volkskunde in Mainz. Promotion 1983 über *Husserls Begriff der Potentialität* (Bonn 1984). Freier Autor und Lehrbeauftragter an den Universitäten Kaiserslautern, Stuttgart und Landau sowie der Hochschule für Bibliotheks- und Informationswesen, Stuttgart. Vorsitzender des Förderkreises deutscher Schriftsteller in Rheinland-Pfalz (FöK).
Wissenschaftliche Veröffentlichungen zur Philosophie des 20. Jahrhunderts, zur Medientheorie und zur Ästhetik.
Literarische Arbeiten: Erzählungen (Funkerzählungen), Theaterstücke (zuletzt *Vaust III* für Kammerspiele Winterthur).
Jüngste Buchveröffentlichungen: *Heimat: Das allen in die Kindheit scheint und worin noch niemand war – Deutsch-israelisch-palästinensisches Lesebuch* (hg. zus. mit H. G. Meyer), Frankfurt/M. 1997; *Medienethik*, Stuttgart 1998

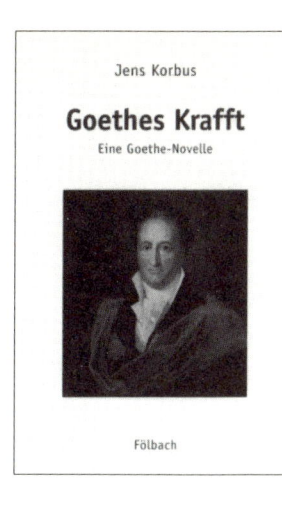

Jens Korbus
Goethes Krafft
Eine Goethe-Novelle

Ich bin ja gefangen, dachte er, mitten in Goethes Garten. Ein Kriegsgefangener, ohne je im Leben ein Gewehr angefaßt zu haben. Er blickte sich um und sah einen blauen Rock. Eine zweite Stimme sagte: „Prisonnier de guerre!", piekte seinen Rücken mit dem Bajonett und trieb ihn aus Herters Garten in die Ackerwand. Dort standen drei Männer, der Schwanenwirt, Schuhmann und der kleine Böhmer. Die feuchten Beete rochen nach Dünger und Kompost. Der Geruch der Pferde. Warum gerade ihn?

Weimar. Die Nacht vom 22. Oktober 1813, kurz nach der Völkerschlacht bei Leipzig. Versprengte französische Soldaten streifen durch die Stadt. Scheinbar ist Goethe von ihnen entführt worden. Aber er liegt nur in seiner Kutsche und träumt. Entführt wurde an seiner Stelle ein anderer, sein Zuträger Krafft, der in dieser Nacht um sein Überleben kämpft und einen inneren Kampf gegen Goethe führt. Eine Novelle um Macht, Rivalität und subtile Formen der Ausbeutung. Wird Krafft seine beiden französischen Entführer abschütteln? Wird es ihm gelingen, sich von Goethe freizumachen?

„Jens Korbus hat ein unterhaltsames und kühnes Buch geschrieben. ... Legt Goethe-Kenner Korbus hier seine Abrechnung mit dem Dichter vor? So viel ist sicher: Sein Goethe lässt schmunzeln – und Krafft, den versteht der Leser auch."   Carlo Kirchner in der „Rhein-Zeitung"

104 Seiten · ISBN 3-923532-84-9

Verlag Dietmar Fölbach • 56068 Koblenz

KAFF - Die literarische Reihe.
Klein Aber Fein bei Fölbach.

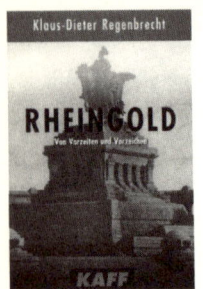

Geiseldrama am Deutschen Eck
Klaus-Dieter Regenbrecht
RHEINGOLD
Von Vorzeichen und Vorzeiten
KAFF-0 · 80 Seiten · ISBN 3-923532-67-9

Am Rheine schlage ich dann ein Theater auf und lade zu einem großen dramatischen Feste. So hatte Richard Wagner einst seine kühnen Pläne mit dem Ring des Nibelungen und Rheingold formuliert. Gäbe es einen geeigneteren Ort für die Erfüllung dieses Traumes als das Deutsche Eck? Aber aus dem Traum vom Rheingold wird während der Aufführung ein Alptraum. Vermummte Terroristen nehmen das Publikum und die Künstler als Geiseln. Ein spannungsgeladener Plot und ein Schuß Paranoia garantieren bestes Lesevergnügen.

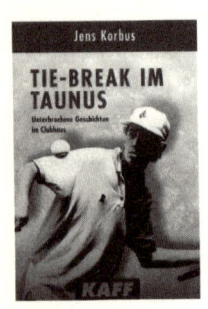

Spiel, Satz und Geschichten
Jens Korbus
Tie-Break im Taunus
Unterbrochene Geschichten im Clubhaus
KAFF-1 · 80 Seiten · ISBN 3-923532-73-3

In einem Tennisclub sitzt an einem Abend eine Runde von Herren zusammen, die mitten im erfolgreichen Leben stehen, und sie fangen an Geschichten zu erzählen. Anders als im Decamerone sind hier und heute keine Damen anwesend, aber sie sind in den meisten der Erzählungen Hauptfiguren. Es geht wie bei Boccaccio, um die Schicksale „derjenigen, deren Liebe ein unglückliches Ende nahm." Und so endet der Abend fast in einer Katastrophe. Aber wie in einem Tie-Break liegen Sieg und Niederlage dicht beieinander.

Verlag Dietmar Fölbach • 56068 Koblenz

KAFF - Die literarische Reihe.
Klein Aber Fein bei Fölbach.

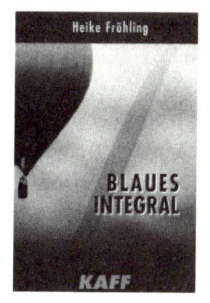

Unbekannte Größe

Heike Fröhling
Blaues Integral

KAFF-2 · 93 Seiten · ISBN 3-923532-81-4

Was haben Malerei und Mathematik miteinander zu tun? Sehr viel, wenn sich eine Mathematikstudentin akribisch und mit den Methoden der Mathematik der Malerei zuwenden will, weil sie sich in einen Kunstprofessor verliebt hat. Aber lassen sich Malerei und Liebe, Schönheit und Gefühl mit mathematischen Formeln erfassen? Geht es wirklich so einfach? Denn für die Liebe gibt es keinen eleganten Lösungsweg, zu viele unbekannte Größen, zu viele unbekannte Gefühle spielen mit. Mit viel Liebe zum Detail und mit manchmal verzweifelt komischen Momenten debütiert Heike Fröhling mit dieser ungewöhnlichen Erzählung.

Beutekunst und Mord

Thomas Krämer
Mord Land Fluß

KAFF-3 · 72 Seiten · ISBN 3-923532-88-1

Karlfried Haueisen wird von einer Düsseldorfer Versicherungsgesellschaft nach Koblenz geschickt, um dort im Mordfall eines Kunsthändlers Untersuchungen anzustellen. Der Tote war am Rheinufer bei Urbar aufgefunden worden. Die äußeren Umstände legen eine Art Hinrichtung nahe. Haueisen wird klar, daß er es mit einer Gruppe zu tun hat, die im Besitz von Beutekunst ist und die auch vor Mord nicht zurückschreckt. "Mord Land Fluß" ist ein spannender Kurzkrimi mit viel lokalem und historischen Hintergrund.

Verlag Dietmar Fölbach • 56068 Koblenz

KAFF - Die literarische Reihe.
Klein Aber Fein bei Fölbach.

Käpten Blaubär für Erwachsene
Siegfried Mundt
Vom Verlust der Flügel
KAFF-4 · 117 Seiten · ISBN 3-923532-92-X

Im Hamburger Tropeninstitut blickt ein noch gar nicht so alter Seebär auf sein Leben zurück, seine Kindheit und Jugend in Hamburg, sein Leben auf hoher See und in fernen Ländern. Während er ein Heft nach dem anderen mit seinen Aufzeichnungen füllt, ist aber auch in der Gegenwart noch einiges zu erledigen, das nicht unerwähnt bleibt.
Lassen Sie sich entführen: „Vom Verlust der Flügel" wird Ihrer Phantasie Flügel verleihen.

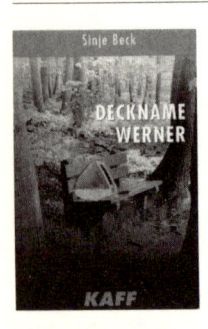

Fipps und fertig
Sinje Beck
Deckname Werner
KAFF-5 · 141 Seiten · ISBN 3-934795-04-8

Fipps, Förster Felsenbrücks pfiffiger Terrier, macht einen grausigen Fund.
Er entdeckt eine verstümmelte Frauenleiche im Staatswald. Dass der Rüde sich mit einem Finger des Opfers davon machen will, ist nur eines der vielen Probleme, mit denen die ermittelnden Kriminalbeamten zu kämpfen haben. In der Firma der Ermordeten gehen seltsame Dinge vor sich. Was zum Beispiel ist mit Werner und der stets gleichen Anzahl von Schuppen auf seinem Anzug, seinem merkwürdigen Gang und seltsamen Essgewohnheiten?
Fragen über Fragen, die auf erstaunliche Weise am Ende eine Antwort finden, und der Leser wird sich verwundert die Augen reiben, ist das denn möglich?

Verlag Dietmar Fölbach • 56068 Koblenz